ALESSANDRA PROFETI

L'ARTE DI ASCOLTARSI

Come Entrare In Contatto Con Il Proprio Mondo Interiore Grazie All'Arte e Alla Meditazione e Potenziare La Resilienza Di Adulti e Bambini

Titolo

"L'Arte Di Ascoltarsi"

Autore

Alessandra Profeti

(con il contributo di Emanuele Hodoj)

Editore

Bruno Editore

Sito internet

http://www.brunoeditore.it

Tutti i diritti sono riservati a norma di legge. Nessuna parte di questo libro può essere riprodotta con alcun mezzo senza l'autorizzazione scritta dell'Autore e dell'Editore. È espressamente vietato trasmettere ad altri il presente libro, né in formato cartaceo né elettronico, né per denaro né a titolo gratuito. Le strategie riportate in questo libro sono frutto di anni di studi e specializzazioni, quindi non è garantito il raggiungimento dei medesimi risultati di crescita personale o professionale. Il lettore si assume piena responsabilità delle proprie scelte, consapevole dei rischi connessi a qualsiasi forma di esercizio. Il libro ha esclusivamente scopo formativo.

Sommario

Introduzione — pag. 5

Cap. 1: Come entrare in contatto con la totalità — pag. 14

Cap. 2: Come ampliare la capacità comunicativa — pag. 23

Cap. 3: Come rafforzare la resilienza — pag. 40

Cap. 4: Come trovare la via della felicità — pag. 74

Cap. 5: Come ritrovare la serenità con la meditazione — pag. 123

Cap. 6: Come migliorare la capacità di ascolto — pag. 143

Conclusione — pag. 152

Introduzione

Questo libro ti permetterà di soffermarti ad ascoltare i messaggi del tuo corpo e ti aiuterà ad accogliere le emozioni e le sensazioni vissute. Ti stimolerà ad utilizzare l'ascolto della musica e a divenire consapevole del movimento spontaneo che nasce dalla tua espressione più autentica e genuina. Ti solleciterà a cercare opere realizzate da artisti del '900 per entrare in contatto con il tuo vero Sé.

Per questo è necessario prima di tutto prendersi del tempo per se stessi e accogliersi senza giudizi, senza preconcetti... semplicemente respirare e lasciarsi andare, sentirsi nel profondo!

Questo libro suggerisce esperienze semplici che potranno condurti a percepire la vita come un flusso, se stai nel "qui ed ora", se impari a seguire il respiro e se poni attenzione al cuore; tutto questo farà sì che diventerai più presente, più felice, più creativo, più resiliente.

La vita è pulsazione, energia, ritmo, e ciò diventerà ancora più chiaro grazie al movimento che liberamente va ad esplorare sonorità, musiche di varie tipologie e di provenienza diversa.

La musica è un'arte che, tramite le vibrazioni, aiuta a sentire e ad assaporare la bellezza della vita che pulsa e ci fa gustare, tramite il movimento, l'energia che circola in noi e ha voglia di manifestarsi.

Queste semplici esperienze dureranno pochi minuti, ma porteranno serenità e saranno un refrigerio potente come otto ore di sonno.

Provare per credere!

Ha inizio quindi un bellissimo viaggio tra suoni e colori… tra linee e forme… tra profumi e sapori… in un mondo vicino e uno lontano… alla scoperta dell'emozione altrui che è specchio della nostra… alla ricerca della parola che proviene dal cuore… grazie alla magia reale che nasce nel silenzio… grazie alla musica… grazie all'arte… ma occorre mettersi in gioco in prima persona e utilizzare la visualizzazione.

La visualizzazione è un "gioco" molto potente perché coinvolge in pieno il nostro cervello e i cinque sensi e permette di entrare in un ascolto molto profondo di noi stessi, costringe in modo efficace a stare presente nel "qui ed ora", valorizzando intensamente la vita.

Se ti guardi intorno, puoi scegliere un elemento della natura osservandolo per un minuto nei suoi particolari: presta attenzione alla forma, ai colori, alle dimensioni, al contesto, al movimento... Adesso, cerca di cogliere suoni e rumori, di percepire odori e profumi, di sentire le sensazioni tattili e magari anche un gusto o sapore.

Con questi dati sensoriali e con l'emozione che questo elemento suscita in te, chiudi gli occhi e immaginalo in tutti i dettagli, con tutte le caratteristiche belle vivide.
Quest'esperienza (che diventerà sempre più facile nel tempo) arricchisce di bellezza piena e amplifica l'intuizione, facendoci godere delle meraviglie che ogni giorno ci si presentano davanti agli occhi.

La visualizzazione rappresenterà pertanto un vissuto che si presenterà via via lungo il corso di tutto il libro, per entrare nel mondo dell'arte, per contattare il tuo Sé, per vivere la connessione con gli altri... e tutto dal punto di vista strettamente intuitivo e personale.

Questo testo è dunque l'invito concreto e tangibile ad entrare in contatto con te stesso, grazie alla musica, al movimento consapevole e libero, all'arte... e sarà davvero un gioco possibile per bambini, per ragazzi, per adulti...

Sarà una vera e propria scoperta del proprio Io più autentico, delle esigenze più nascoste, di tutti quei bisogni e sentimenti che faticano ad affiorare in superficie.

Questo libro è la proposta di vivere nel pieno della propria totalità, a ricercare musiche e immagini di opere d'arte che, in quel preciso momento, attraggono.
Tutto ciò si verifica perché ogni singola esperienza potrà essere rivissuta più volte e la cosa sorprendente è che... sarà sempre diverso!

Noi siamo diversi ogni giorno e quindi anche la stessa musica porterà differenti sensazioni ed emozioni... Coglierai elementi sonori che la volta precedente non erano emersi... riuscirai, via via, a muovere il corpo con maggiore sciolezza e disinvoltura...

L'importante è imparare ad ascoltare il proprio corpo e individuare le parti che hanno maggiore bisogno di essere sciolte. Diventa quindi fondamentale iniziare con il movimento delle varie articolazioni, che costituiscono dei punti nevralgici che possono perdere di mobilità e la cui rigidità procura disagio e dolore, fino a muovere tutta l'unità corporea, sia in piedi che seduti o distesi.

Questo semplice risveglio del corpo è utile da ripetere almeno una volta a settimana, perciò ogni singolo incontro con un artista del '900 o con la meditazione o con l'ascolto di un determinato brano musicale puoi riservarlo ad un tempo e ad uno spazio preciso all'interno della tua pianificazione.
Occorre riservare un istante prezioso per stare con se stessi, per ricaricarsi di nuova e fresca energia, per sentirsi sorridere in ogni cellula del corpo.

Ti consiglio di raccogliere in una cartella del computer sia le musiche che le immagini che scegli via via e, allo stesso tempo, ti suggerisco anche di procurarti un bel quaderno, che diverrà il tuo "diario di bordo" delle varie esperienze, un album da disegno e colori come pennarelli, cere, gessetti. Occorreranno poi altri materiali nel corso delle varie proposte e tutte le varie opere che realizzerai potrai riunirle in una cartellina.

É importante che quanto verrà da te manifestato sia conservato, proprio perché parla di te, delle tue emozioni…
La vita molto spesso ci sfugge di mano, passano i mesi così rapidamente che neanche te ne accorgi, pertanto fermare sulla carta i nostri pensieri, i nostri stati d'animo e poterli poi rivedere è davvero rilevante.

Potrai cogliere maggiormente la bellezza del tuo esserci e questo non sarà altro che un elemento di crescita, di consapevolezza e di voglia di vivere!
Dopo aver cercato musiche ritmiche allegre, divertenti, trovane anche di tranquille e rilassanti da inserire dentro una cartella del computer come un tesoro sempre a tua disposizione.

Prova questa semplice esperienza che potrai ripetere tutte le volte in cui avrai bisogno di uno stacco dai mille pensieri... ti prenderai un tempo tutto per te, innalzando il tuo livello d'energia e di benessere.

Inizia a muoverti sul posto e poi nello spazio con una bella musica rock... gustane l'energia e senti come il corpo si carica di vitalità gioiosa.
Ora, con questo pieno di nuova sprizzante forza, lasciati andare ad una musica tranquilla e rilassante, seguila con il movimento di tutto il corpo, sia sul posto che nello spazio, con libertà e consapevolezza... Ti renderai facilmente conto di quanto queste due musiche regalino vissuti differenti, ma ugualmente importanti.

Cos'è cambiato nel corpo?
Come fa muovere la prima?
Quali movimenti fa compiere la seconda?
Cosa cambia nel respiro?
Come hai sentito il cuore?
Hai goduto della vita che scorre in te?

Hai notato l'onda portata dalla melodia dove potersi tuffare senza problemi?
Queste musiche ti hanno regalato immagini?
Quali parole scegli per ciascuna?

Per divenire davvero coscienti delle variazioni, basterebbe anche solo camminare nel silenzio e nel rispetto dei propri tempi e delle personali esigenze, alternando velocità e lentezza, per esplorare cosa accade dentro… per rimanere con i piedi ben appoggiati a terra…

Dopo quest'esperienza, scegli due pennarelli, uno per disegnare la linea della velocità e uno per la linea della lentezza e infine completa liberamente il disegno, realizzando lo sfondo con cere o gessetti. Quando il disegno sarà completo, guardalo bene e scrivi dietro una parola o una frase che ne costituisca il titolo e la data.
Il disegno parla, le linee raccontano…

Prendi il tuo "diario di bordo" e riporta il titolo, osserva e scrivi dopo la data quello che quest'opera ti suggerisce, sia un testo fantastico, sia una poesia o una canzone…

Qualunque narrazione è da accogliere senza giudizi, senza valutazioni... Basta scrivere "di pancia" senza alcun timore... Non si sbaglia mai se si ascolta il cuore!
Il corpo racconta la nostra verità!

Vivi intensamente quest'esperienza, con la musica, con il movimento nel pieno della tua presenza e infine dai spazio ai colori e alle parole.
La poesia rappresenta il linguaggio del cuore, perciò, se scrivi senza auto-sabotarti, senza freni, darai il giusto spazio a te stesso, conferirai dignità piena e valore completo a quanto vivi.

Permettiti di essere immediato e semplice, cogli il sapore del cuore, il gusto della libertà di espressione, la gioia del movimento vissuto in pieno, il profumo dell'attimo...
E questo non è altro che il mio augurio per te!

Capitolo 1:
Come entrare in contatto con la totalità

Scegli un'opera di Gauguin che ti piaccia in questo momento, o sfoglia il testo di Bérénice Capatti ed Eva Adami, illustrato da Octavia Monaco, dal titolo "Gauguin e i colori dei tropici", Edizioni Arka . Cerca una bella musica che sia accompagnata dal rumore del mare...muoviti liberamente un po' ad occhi chiusi... un po' sul posto, sia ad occhi aperti che chiusi... segui l'onda della musica... rilassati, lasciati cullare...

Senti la stabilità del contatto con la sabbia morbida, cosa cambia alle variazioni del movimento... in piedi, con le gambe piuttosto vicine... stando seduto... in ginocchio... e, allo stesso tempo, senti come la musica trasporta... rasserena...

Puoi incontrare l'onda del tuo respiro che va all'unisono con quella del mare... Il battito del cuore insieme al respiro crea una fusione che fa vibrare tutto il tuo essere...

Osserva con gli occhi e con il cuore l'opera da te scelta.

Quale sensazione stai provando?
Quali colori ti colpiscono?
Quale profumo ti giunge?
Com'è il contatto con la sabbia?

Chiudi gli occhi e visualizza sia l'opera di Gauguin che te stesso nel profondo, con tutte le tue percezioni, con i tuoi pensieri, con lo stato d'animo di cui sei consapevole.

Adesso, leggi con calma le parole di quest'artista:

"La civiltà mi sta lentamente abbandonando.
Comincio a pensare con semplicità, a non avere più odio per il mio prossimo, anzi ad amarlo.
Godo di tutte le gioie della vita libera, animale e umana.
Sfuggo alla fatica, penetro nella natura:
con la certezza di un domani uguale al presente, così libero, così bello, la pace discende in me;
mi evolvo normalmente e non ho più vane preoccupazioni."

Gauguin ti stimola ad osare: liberamente, realizza un disegno che racconti il tuo vissuto e puoi utilizzare, oltre a pennarelli, matite, cere, ma anche sabbie colorate, sassolini, conchiglie, legnetti…

Quando hai concluso, guardando la tua opera, dalle un titolo e una voce, scrivendo sul "diario di bordo" la storia o la poesia che la narra. Ogni elemento del disegno cela un messaggio, racchiude un'emozione, vuole comunicare una sensazione… Ogni colore è fantasia che attraversa il corpo e fuoriesce… Sul foglio hai fermato il tempo, assegnandogli un preciso significato.

Scegli un'opera di Henri Matisse tra le ultime da lui realizzate, un'opera che presenti una o più forme ispirate alla musica jazz. Osservala nel dettaglio, prova a ricreare con il corpo e il movimento le forme, anche ad occhi chiusi, per ascoltare bene il loro messaggio.

Come ti percepisci?
Cosa ti sembra di essere?
Come ti appare lo spazio che ti circonda?
Cosa dice questa forma di te stesso e a te stesso?

Il nostro corpo ha una forma che non è solo quella che vediamo di fronte ad uno specchio, perché la più importante è quella che appartiene alle sensazioni propriocettive, cioè al nostro sentire.

Se ci permettiamo di percorrere con la propriocezione il corpo durante un momento di rilassamento o in una pausa dopo un movimento, ne cogliamo il peso, la direzione dello sguardo, il calore, la dimensione, l'equilibrio, il volume…

Scegli una musica jazz bella viva per muoverti in piena scioltezza e allegria, poi, allo "stop", diventa forma chiusa… forma aperta… forma un po' aperta e un po' chiusa…

Muoviti e, ogni tanto, fermati e focalizza la tua attenzione sulla forma che può essere in piedi… in ginocchio… distesa… seduta… Puoi divenire linea orizzontale… verticale… curva… obliqua…

Lasciati coinvolgere appieno da questa musica jazz e, al prossimo "stop", scegli la forma che in quel preciso momento ti convince, con la quale ti senti davvero a tuo agio… Chiudi gli occhi ed entra in contatto profondo con questa forma…

Sei una nuvola?

Sei un animale?

Sei il sole?

A quale ambiente appartieni?

Quale emozione vivi?

Com'è lo spazio che ti circonda?

Il corpo, in quest'istante, ti comunica una parola, ti porta un'immagine, ti regala una sensazione?

Nell'ultima parte della sua vita, Henri Matisse non poteva più dipingere, dunque decise di ritagliare carte, creare forme... e allora, come lui, realizza una tua opera, tagliando una forma da una carta velina, da una carta collage o da riviste...
Incolla la forma e completa il disegno, inserendola nel luogo e nel tempo più opportuni.

Quali sono le qualità della tua forma?

Cosa fa?

Ha un profumo o un sapore?

Com'è la sua voce?

Se ti poni in ascolto, questa forma ti racconta la sua vita, le sue

emozioni, come trascorre le giornate, di cosa ha paura, cosa sogna…
Scrivi tutto nel "diario di bordo", dopo la data.
É la forma dell'oggi!

Questo percorso ti permetterà di imparare sempre più a lasciarti andare e a rimanere, allo stesso tempo, ben radicato, ad ascoltare il corpo che parla tramite la sua forma mutevole nel tempo e nello spazio, a ricercare il dettaglio e ad apprezzare le sfumature nella musica, nell'arte, nel linguaggio verbale.

Questa particolare attenzione al corpo e all'emozione vissuta, aumentando la consapevolezza e il benessere, ti guiderà verso l'espressione dei sentimenti, utilizzando solo macchie di colore… linee… forme… punti…
Identifica l'essenziale, dando spazio a fantasia e originalità.

Ora, ammira questa bella opera di Chagall:

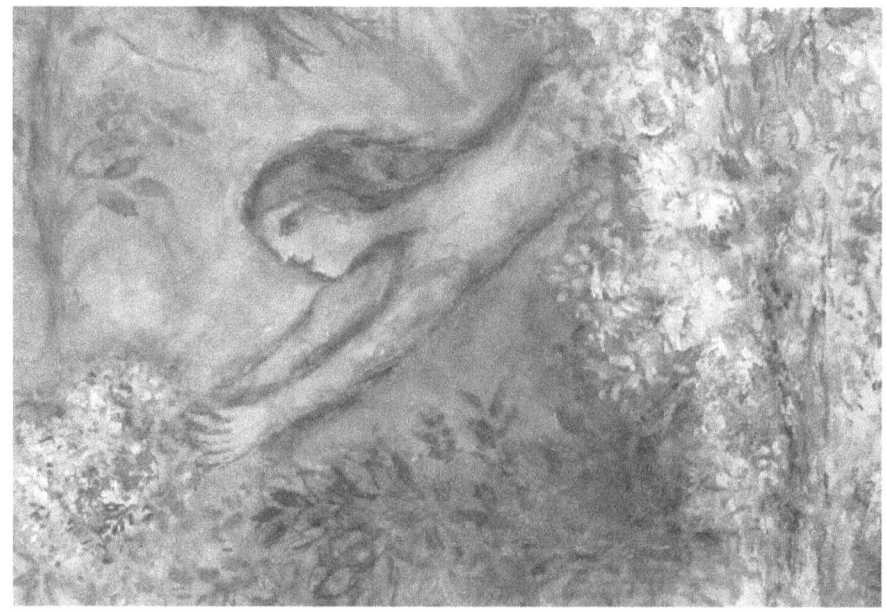

Osservala con attenzione, cercando di percepire l'emozione e i pensieri che risveglia in te... Chiudi gli occhi e immagina quest'atmosfera da sogno... percepisci la qualità tattile di ogni sfumatura...

Quale movimento suggerisce?

Quale messaggio sta comunicando proprio a te in questo momento?

Puoi ammirare molte opere di questo artista anche nel libro di Véronique Massenot ed Élise Mansot, "Viaggio su una nuvola", Jaca Book, e potrai così viaggiare tra le bellezze del mondo.

Scegli alcune musiche che provengono da paesi diversi per apprezzare la varietà dei ritmi e delle melodie. Ad esempio, inizia con una musica africana per passare ad una di origine latina, ad una di tipo celtico, ad una che giunge dal Perù o dal Giappone…

Ascolta ogni musica senza giudicare o fare paragoni, con la sola intenzione di conoscere e di meravigliarsi… Muoviti liberamente seguendone il ritmo e la melodia, sia sul posto che nello spazio… Cogli le sfumature, le sensazioni, il linguaggio musicale che parla del popolo e della terra da cui proviene.

Quale parola avverti dentro di te dopo aver vissuto questo "arcobaleno musicale"?
La suddetta parola diventa una linea… una forma… dei punti…
Ma, prima di passare al disegno, leggi queste frasi di Chagall e comprendi il suo invito a lasciarsi andare alla creatività:

"Un quadro deve fiorire come qualcosa di vivo. Deve afferrare qualcosa di inafferrabile: il fascino e il profondo significato di

quello che ci sta a cuore. L'arte mi sembra essere soprattutto uno stato d'animo. Lo stile non è importante. Esprimersi lo è.
La psiche deve trovare la propria via nei dipinti. Bisogna lavorare sul quadro pensando che qualcosa della propria anima entrerà a farne parte e gli darà sostanza. L'arte è lo sforzo incessante di competere con la bellezza dei fiori... e non riuscirci mai.

Le mie mani erano troppo morbide. Ho dovuto trovare un'occupazione speciale, una sorta di lavoro che non mi avrebbe costretto ad allontanarmi dal cielo e dalle stelle, che mi avrebbe permesso di scoprire il senso della vita. Nella nostra esistenza c'è un solo colore che dona senso all'arte e alla vita stessa, il colore dell'amore".

Prendi pennarelli fini e grossi e, una volta che hai portato a termine il lavoro, con un pennello fine, ripassa sopra il colore con poca acqua.
Avrai così creato un magnifico acquerello e, da questo momento, potrai dare il titolo all'opera e sul "diario di bordo" raccontare... Basta anche un solo verso che racchiuda colori, sensazioni, emozioni che la tua opera esprime.

Capitolo 2:
Come ampliare la capacità comunicativa

Cerca ritratti di Modigliani, un artista italiano che sottolinea il valore della linea, del tratto diverso, che conferisce profondità allo sguardo ed è presentato in modo efficace nel libro a lui dedicato da Daniela Sbrana, Libri Volanti.

Scegli il ritratto che oggi t'ispira particolarmente e osservalo con attenzione per cogliere bene l'espressione del viso, la postura, l'atteggiamento... poi, prova a rispecchiarlo.
Cosa provi?
A cosa sta pensando?
Quali emozioni sta vivendo?
Cosa sta guardando?
Cosa ti sta comunicando?

Scegli una musica ritmica e risveglia il corpo con una bella sferzata di energia... sul posto e poi nello spazio.

Allo "stop", tocca il tuo volto, come se fosse la prima volta... cerca di scoprirlo in ogni suo particolare... Come lo senti? Cosa raccontano di te i tuoi occhi... la tua fronte... la tua bocca? Muoviti con un'altra musica allegra e, al prossimo "stop", osserva il tuo viso davanti ad uno specchio o quello di un'altra persona, mentre mimate senza parole paura... gioia... noia... rabbia... vergogna... tristezza... l'emozione di quell'istante...
Ricorda che stiamo sempre nel "qui ed ora"!

Qual è lo sguardo che preferisci?
Come senti i capelli? E le orecchie?
Quando ti senti davvero te stesso?
Come Modigliani, con una matita nera o un carboncino per fare sfumature con la tecnica del chiaroscuro, traccia il tuo volto e dedicati una poesia libera, senza rime, senza alcuna preoccupazione.
Quando hai concluso, guarda il disegno da vicino e da lontano.

Quale pensiero e quale emozione ti sta attraversando?
A cosa assomigliano le tue guance? E il tuo naso?
Come ti piacerebbe essere giudicato?

Qual è il tuo lato luce e quale quello ombra?
Scrivi liberamente sul "diario di bordo" il messaggio che il tuo Te Stesso sta pronunciando in questo preciso momento...

Scegli un'opera di Joan Mirò che ti piaccia, o leggi il libro a lui dedicato, "Il quadro più bello del mondo", Edizioni Kalandraka.

L'opera che hai scelto ha punti, linee, forme... guardala attentamente e scegli alcuni di questi elementi... Prova a muoverti immedesimandoti in essi... senti l'emozione che portano con sé... vivi la libertà di "tuffarti" in quest'opera per cogliere suoni... sapori... sfumature...

Chiudi poi gli occhi e visualizza... Immaginati di far parte di questo mondo astratto che si muove... che narra... che vuole comunicare con te... con il pianeta...

Questo artista permette anche a noi di esprimerci liberamente tramite semplici disegni astratti e stimola, oltre alla capacità di astrazione e di simbolizzazione, la creatività nel pieno della propria libertà.

Ascolta una musica di fisarmonica, che suggerisce un movimento di apertura e chiusura del corpo... segui le linee della musica con il crescendo e il diminuendo...

Ascolta una musica di percussioni e disegna con il corpo linee spezzate...

Disegna con il movimento forme rotonde con la musica del rondò...

A questo punto, senti il tuo vissuto, che potrebbe essere una bella "insalata" di sensazioni e di sentimenti. Possiamo infatti essere sia felici che un po' preoccupati... e allora, dai spazio a tutto ciò che è vivo dentro di te, senza giudicare... infine, scegli cosa disegnare tramite linee o forme o punti.

Per esempio, puoi disegnare la linea della serenità... la forma di gioia... i punti di leggerezza... poi dai loro la parola in un testo poetico senza rime.

Leggi queste frasi di Joan Mirò per conoscere quest'artista anche mediante le sue parole:

"Sono le cose più semplici a darmi delle idee. Un piatto in cui un contadino mangia la sua minestra, l'amo molto più dei piatti ridicolmente preziosi dei ricchi.

Lo spettacolo del cielo mi sconvolge. Mi sconvolge vedere, in un cielo immenso, la falce della luna o il sole. Nei miei quadri, del resto, vi sono minuscole forme in grandi spazi vuoti.

Lavoro come un giardiniere o come un vignaiolo. Le cose maturano lentamente. Il mio vocabolario di forme, ad esempio, non l'ho scoperto in un sol colpo. Si è formato quasi mio malgrado.

L'immobilità, per me, evoca grandi spazi, in cui si producono movimenti che non si arrestano, movimenti che non hanno fine.

É – come diceva Kant – l'irruzione immediata dell'infinito nel finito. Un ciottolo, che è un oggetto finito e immobile, mi suggerisce non solo dei movimenti, ma movimenti infiniti che, nei miei quadri, si traducono in forme simili a scintille che erompono dalla cornice come da un vulcano.".

E tu, cosa ne pensi?

Quali elementi ti danno lo stimolo per creare?

Cosa è talmente grande da riempire il cuore e farti sentire in perfetta armonia con te stesso e il mondo?

Puoi scrivere tutto sul "diario di bordo", per fissare anche un solo pensiero, per dare valore a ciò che vivi, per essere grato a ciò che ti fa stare bene...

Scegli un'opera di Klee o sfoglia il libro di Paola Franceschini, "Che sorpresa Paul Klee", Edizioni Artebambini, e ammira la fantasia, la creatività, la voglia di sorridere e meravigliarsi, il desiderio di esprimersi in modo essenziale...

Guardando l'opera da te scelta, cosa individui?
Ci sono persone? Oggetti?
Che emozione suscita in te? A cosa ti fa pensare?
Quale elemento ti colpisce?
Quali qualità hanno i colori?

Visualizzala e dà il permesso all'opera di prendere vita, di muoversi, di trasformarsi, di parlare...
Cosa è accaduto? Dove ti ha portato? Qual è il suo messaggio?

Scegli una musica lenta lenta e... lasciati "modellare" da essa, cambiando forma, cambiando livello: un po' in piedi... un po' distesi... un po' su e giù... girandoti sul posto...
Il corpo cambia come il tratto di Klee che si trasforma continuamente...

Avverti la gioia del cambiamento... trova una forma in piedi... una seduta... una sul fianco... una distesa... e modifica l'una nell'altra, in modo calmo e attento ad ogni variazione... E poi, ad occhi chiusi, immagina per ciascuna forma il colore, lo spessore, il volume...

Leggi con attenzione queste parole di Klee:
"Il disegno è l'arte di condurre una linea a fare una passeggiata.
Il colore mi possiede. Non ho bisogno di tentare di afferrarlo. Mi possiede per sempre, lo sento.

Questo è il senso dell'ora felice: io e il colore siamo tutt'uno. Sono pittore.
Il colore è il luogo dove l'universo e la mente si incontrano.
L'arte non riproduce ciò che è visibile, ma rende visibile ciò che

non sempre lo è.".

Puoi rendere visibili le forme che hai realizzato con il movimento, scegliendo tra vari tipi di carta, di colore e spessore diverso… Ritaglia le forme e completa il disegno con cere e/o gessi colorati.

Quando hai concluso, assegna il titolo e scrivi sul "diario di bordo" un testo dedicato a quest'opera.

Kandinskj era anche musicista e, dopo aver assistito a dei concerti, dipingeva e, come narrato nel libro di Emanuele Del Medico, "Vsailij Kandinskij", 24 Ore, Milano, voleva che ogni forma rappresentata si muovesse sulla tela, perciò ogni opera ha un suo ritmo, una musica completa.

Scegli tra le sue numerose opere una che adesso ti colpisce particolarmente e osservala… scoprine tutte le caratteristiche e il movimento interno … Quali forme ti attraggono? Prova a rifarne alcune con il corpo… Cambia forma, movimento e spazio…

Come ti senti?

Quale è il suo ritmo? Com'è la sua voce?

Permettiti di esplorare liberamente!

La musica regala immagini, ricordi (oltre ad emozioni), ma possiamo anche sentirla sulla pelle, possiamo percepirne la sua qualità tattile.

Per questo, oggi, scegli una melodia con variazioni, con pause, con suoni lunghi e suoni corti e, mentre ti muovi, senti i punti di musica… la linea del suono lungo… la forma che, seguendo la melodia, si modifica… senti la qualità portata dai diversi timbri… cerca l'armonia…

Ascoltala anche ad occhi chiusi… poi, fai una scelta tra stoffe colorate di diversa qualità al tatto, per ritagliare linee, forme, punti e raccontare il tuo vissuto.

Prima di completare la tua opera, leggi le parole di questo grande artista:

"L'arte oltrepassa i limiti nei quali il tempo vorrebbe comprimerla e indica il contenuto del futuro. Mi sembrava che l'anima viva dei colori emettesse un richiamo musicale, quando l'inflessibile volontà del pennello strappava loro una parte di vita.

Il colore è un mezzo per esercitare un influsso diretto sull'Anima. Il colore è il tasto. L'occhio è il martelletto. L'Anima è un pianoforte con molte corde. L'artista è la mano che, con questo o quel tasto, porta l'anima a vibrare.

A volte, mi sembrava che il pennello, che con volontà inflessibile strappava frammenti a quest'organismo cromatico vivo, provocasse l'emissione di un suono musicale.

Lo spettatore è troppo abituato a cercare un senso, cioè un rapporto esteriore fra le parti del quadro.

La nostra epoca, materialista nella vita (e quindi nell'arte), ha prodotto uno spettatore e specialmente un amatore, che non sa porsi semplicemente di fronte a un quadro.

In questo quadro, cerca tutto il possibile (l'imitazione della natura, la natura interpretata dalla psicologia dell'artista, l'atmosfera immediata, l'anatomia, la prospettiva, l'atmosfera esteriore), ma non cerca la vita interiore, non lascia che il quadro agisca su di lui.".

La tua opera rappresenta veramente quanto hai vissuto?
Ci sono le tue sensazioni?
Quali sentimenti hai rappresentato?
Quali movimenti?
Quando pensi di aver concluso, osserva ogni particolare e percepisci la parola che ti comunica ogni elemento… l'emozione che vuole donare a chi guarda… raccontalo con spontaneità tramite una poesia o una fiaba.

Uno spunto speciale per la prossima attività è dato dal libro di Manuela Monari e Brunella Baldi, "C'è un filo…", San Paolo. Questo testo ci fa riflettere su come esista un filo tra le persone; basta pensare a quello delle parole che ci aiuta a comunicare, alla connessione che si crea in un'amicizia importante, al filo che sostiene il nostro pensiero, al filo che aiuta a ritrovarsi…

Ascoltiamo una bella musica che abbia come strumento protagonista il flauto traverso e una melodia. Il flauto dona un filo di musica, che possiamo prendere tra le dita per percorrere dolcemente il corpo.

Il filo di musica che abbiamo tra le dita, poi, vuole andare in giro nello spazio vicino al corpo e ancora nel grande spazio…
Seguilo anche ad occhi chiusi sul corpo, su e giù…e percepisci l'emozione che suscita…
Dopo quest'esperienza, di fronte a nastrini colorati, a spaghi, a fili di lana, scegli quello che rappresenta al meglio il vissuto, pensa a com'è… dove si trova… cosa fa. Completa il disegno e, infine, incollalo sul foglio. Scrivi la data e il titolo dietro alla tua opera e, sul "diario di bordo", racconta tramite una storia o una poesia com'è il tuo filo, come si muove, cosa desidera…

Osserva quest'albero, ogni colore... la luce... la forma del tronco... la lunghezza e la direzione dei rami... il movimento della chioma... senti gli scoiattoli che saltano da un ramo all'altro... il canto degli uccellini che hanno il loro nido.

Diventa consapevole del contatto con Madre Terra... con Padre Cielo... C'è tanta forza e tanta leggerezza ... C'è un dentro e un

fuori... C'è stabilità e movimento...
Che emozione suscita?
Quale profumo percepisci?
Chiudi gli occhi e... visualizza questo albero nel suo splendore.
Appoggia bene i piedi a terra e senti la bellezza di questo essere vivente...

Adesso, ad occhi aperti, diventa questo albero con il tuo camminare... senti sotto i piedi le radici che percorrono lunghe strade sotterranee... muovi le braccia come rami che conoscono tutti gli orizzonti... Fermati poi a sentire bene il contatto con la Terra e con il Cielo.
 Con gli occhi chiusi, visualizza e chiediti :
Che albero sei?
In quale stagione ti trovi?
Hai fiori? Hai frutti?
Come ti senti?
Com'è il tuo rapporto con il sole, il vento, la pioggia...?

Disegna con le matite e poi scrivi la poesia "Io Albero" e racconta cosa sei, i tuoi sentimenti e pensieri più profondi...Coraggio e paura... Forza e fragilità...Vita e rinascita... Stagioni passate... Speranze per il futuro...

Una volta scritta di getto la poesia, lasciala lì... la rileggerai in un secondo momento. Potrai ripetere l'esperienza disegnando un albero diverso con un'altra storia da raccontare... che forse sarà il continuum della precedente...

L'importante è accogliere il cambiamento che è l'unica costante della vita e sentire che questo simbolo potente ci ricorda il contatto necessario con il Cielo e con la Terra per la nostra stabilità.

Puoi cercare su Internet foto di alberi di tanti artisti, che li hanno rappresentati con tecniche diverse e ognuno celerà un'emozione peculiare da donare. Talvolta, potrai percepire maggiormente il radicamento, altre volte il desiderio di toccare il cielo...

Quello che è certo è che possiamo sempre ricentrarci, ritrovarci nel contatto pieno con l'intera unità corporea, con l'appoggio a terra, con lo slancio nelle varie direzioni... per esserci davvero!

Questo è l'augurio più bello che desidero fare a te, e in particolare ad Emanuele, che ha condiviso con me la sua arte e la gioia di esistere!

Puoi cercare su Internet opere di numerosi artisti e puoi anche leggere il libro di Christophe André, "Dell'arte della meditazione", Corbaccio Editore; qui vengono presentate molte opere d'arte che provengono da vari luoghi e che appartengono ad epoche diverse...
Quello che si può fare è proprio provare ad entrarci dentro, non solo osservando, ma sentendo anche le voci, i rumori... assaporare profumi e sapori...
Si possono cogliere i movimenti, il gioco delle luci... e ascoltare come risuonano in noi...
Quando siamo confusi, possiamo cercare immagini e fermarci di fronte a quella che ci colpisce... Se in quel momento ci attira una certa opera d'arte, è il momento di ascoltare il sentimento che ci regala e possiamo individuare l'elemento che ci attrae...

Cosa ci sta dicendo? Cosa dice di noi e per noi? Prova a darle voce...

Se scrivi senza giudicarti, senza alcuna preoccupazione... ti verrà svelato il tuo meraviglioso mondo interno!

L'arte ci fa da specchio, ci mostra i nostri sentimenti, le nostre aspirazioni, ci fa presente cosa davvero amiamo, cosa offre ogni percezione, come riesce a calmarci...

Ci aiuta a notare cosa fa davvero la differenza nella nostra giornata!

Capitolo 3:
Come rafforzare la resilienza

La parola "resilienza" riecheggia spesso perché, in quest'epoca di grandi cambiamenti e di difficoltà ad adattarsi a mutamenti radicali e improvvisi, ci siamo resi conto che è fondamentale essere forti emotivamente, flessibili, con un atteggiamento nei confronti di noi stessi e degli altri caratterizzato da empatia e capacità di connessione.

Ciò che denota una forte resilienza è dato anche dalla capacità di dare un senso alla propria esistenza, valorizzando il peculiare contributo che offriamo al mondo. Su questo argomento possiamo leggere molto, ma occorre prima di tutto porsi delle domande:

Cosa posso fare per divenire più resiliente?
Come posso aiutare i miei figli ad adattarsi sempre più e meglio alle continue variazioni della vita?
In questo libro, cercherò di offrire alcune risposte di tipo

pratico... tutte da vivere! Sicuramente, quella più immediata sta proprio nella parola "consapevolezza". Divenire sempre più coscienti del proprio corpo, del proprio respiro, del proprio cuore, del proprio movimento... è garanzia di benessere e di gioia.

Diventare consapevoli dei propri pensieri, del dialogo interno, delle emozioni e degli stati d'animo e riuscire a modificare i pensieri troppo negativi e pesanti è senz'altro un'altra ottima strategia per ristabilire la serenità.

Coltivare relazioni sincere e collaborative, avulse da competizione e giudizi, crea un substrato di profonda connessione con gli altri e ci consente di sentirci parte integrante del mondo! Questo è un altro fattore di protezione rispetto al disagio emotivo e rafforza positivamente la nostra forza psichica.

Già dalla tenera età, due aspetti che risultano determinanti per il nostro benessere sono l'autostima e il senso di autoefficacia. Infatti, fin da piccoli, sentiamo profondamente il bisogno di essere amati e di amare, ma spesso, purtroppo, solo con il passare degli anni ci rendiamo conto che l'amore non è un oggetto di scambio.

"Io ti amo perché tu sei così come desidero che tu sia…".
Questo non è amore!
"Io ti amo esattamente così come sei, riconoscendo le tue qualità, i tuoi punti di forza e le tue fragilità."
Questo è amore incondizionato ed è quanto dobbiamo riservare prima di tutto a noi stessi.

L'amore incondizionato si basa sulla totale accettazione, ma, purtroppo, tutti abbiamo difficoltà ad accettarci esattamente così come siamo: iniziamo a criticarci per aspetti del nostro corpo, a svalutarci per le nostre incapacità, a darci continui voti sui comportamenti. Questo non ha niente a che fare con l'autocritica obiettiva, che è necessaria di fronte a un insuccesso o a un conflitto relazionale.

Fortemente nocivo è lo stillicidio di pensieri e credenze svalutanti che vanno a sabotarci e creano una tendenza costante a vedere la realtà in modo fortemente critico. Cadiamo frequentemente nella trappola della lamentela continua, nella visione dell'altro dall'alto in basso in cerca di appunti, nell'irritabilità di fronte a piccoli ostacoli o cambiamenti della vita.

Se tutto questo viene illuminato dalla consapevolezza, dall'ascolto del proprio pensiero e del proprio sentire, è molto probabile che si riesca a ridimensionare e il mondo che ci appariva tetro e grigio, inizierà lentamente a riempirsi di colori! Possiamo vivere sereni, se riusciamo ad avere una buona autostima, se ci sentiamo capaci, se diveniamo leader di noi stessi!

Abbiamo un potere nelle nostre mani e non devono essere le emozioni a stravolgere il nostro status, a dominare indisturbate sul nostro umore. Molti pensieri negativi radicati in noi risalgono ai primi anni di vita, quando eravamo molto più plasmabili, e hanno modellato la nostra immagine interiore.

Crescere, perciò, diventa innanzitutto la scoperta di quali siano queste credenze, quale sia l'immagine che ha conferito l'imprinting e che ancora condiziona totalmente il nostro vissuto e il nostro modo di agire. Questo comporta una responsabilità verso i bambini, perché le nostre parole e i nostri comportamenti favoriranno la loro forza interiore e predisporranno emozioni e sentimenti futuri.

Questo deve farci agire con riflessione, pur nella consapevolezza che sicuramente faremo degli errori e, di fronte a questi, occorrerà prima di tutto avere il coraggio di riconoscerli e chiedere scusa. Ognuno agisce come crede, come si sente di reagire in quel momento, facendo del suo meglio, grazie alle competenze emotive e relazionali con cui è cresciuto.

Riconoscere un ruolo fondamentale alla buona autostima per il successo futuro significa porsi nella giusta prospettiva, rendersi conto che i difetti o i punti di debolezza sono parte integrante di ciascuno di noi e negarli non aiuta certo a superarli, anzi... l'unico modo per andare oltre è proprio la totale accettazione!

Mi capita spesso di incontrare genitori che ancora non hanno ben chiaro il loro ruolo sul piano relazionale, come mi capita di vedere bambini alla ricerca costante (quasi ossessiva) di riconoscimenti, di conferme, di valutazioni positive.
Spesso, i comportamenti dei bambini arrivano ad essere provocatori e aggressivi, semplicemente perché è imperioso il loro bisogno di essere notati!

Questo libro è dedicato a quell'impellente bisogno di sentirsi esistere che brilla dentro ciascuno di noi e che ha bisogno di essere appagato, alla stregua del cibo e dell'acqua.

T'invito a fare una scelta, al di là delle problematiche lievi o gravi: molto dipende dal tuo atteggiamento, dalla tua reazione di fronte agli eventi… da quanto sei disposto a mettere in risalto te stesso e gli altri.

Basterebbe imparare a fermarsi prima di proferire parole e valutazioni. Se dessimo peso alle nostre parole, se le assaporassimo, potremmo gustarle come un gelato squisito…

Prova a prenderti un impegno con te stesso: "Per oggi non mi lamento… non critico… cerco tutti gli aspetti positivi in tutte le situazioni… scopro il bello del mondo intorno a me… scelgo di indossare le lenti della meraviglia!".

A fine giornata, prova a respirare con la pancia, in modo profondo e, ad occhi chiusi, ripercorri i momenti salienti di essa, per individuarne gli elementi significativi e tutto ciò che ti ha dato la giusta carica… per essere grato… per accumulare ricordi positivi!

Ti piacciono le foglie che cadono in autunno?
Concediti una passeggiata in un bosco per goderne l'aria frizzante... per cogliere tutte le sfumature di colore... e per raccogliere alcune foglie, se possibile di piante diverse.

Quando poi ritorni a casa con le foglie raccolte (da cinque a dieci almeno) e hai un po' di tempo a disposizione, appoggiale su un cartoncino bianco e, una per una, prendile in mano delicatamente, sfiorale, osservale in ogni caratteristica, scopri ciascuna sfumatura...

Una volta conosciute, chiudi gli occhi e immaginale così come sono... percepisci le sensazioni e le emozioni che ti regalano...
Cosa mi stanno dicendo queste foglie?
Qual è il loro messaggio di vita?

Chiudi di nuovo gli occhi e aspetta le risposte che potranno essere immagini o parole, poi disegna o scrivi tutto nel tuo "diario di bordo", sempre dopo la data.
A questo punto, è necessario farsi un'altra domanda:

Quali foglie sono uguali?

Accostane due per trovare somiglianze e aspetti comuni.

Dopo poco, però, sarà evidente che due foglie, pur provenienti dalla stessa pianta e avendo forma o margine uguale, non saranno mai veramente uguali... Ogni foglia è unica!

Questa lezione proviene dalla Natura, attraverso le nuvole, attraverso le pietre, attraverso i fiori...

Ogni creatura è speciale ed esclusiva, tutti sono meravigliosamente diversi e tutti, allo stesso tempo, appartengono alla stessa realtà! Noi rispettiamo questa stessa legge e quindi possiamo concludere che ogni essere umano è un dono unico e irripetibile!

Ecco una vignetta per non dimenticarlo:

Con le foglie, puoi realizzare sul cartoncino "l'albero della diversità", arricchendolo di disegni, di collages di frutti diversi, di animali diversi...

Un semplice lavoro artistico per porre l'attenzione sulla tua particolarità ed originalità regalata dalla Natura, e questo vale per ogni essere vivente.

Scrivi questo mantra con colori vivi, appendilo in un punto ben visibile e ripetilo almeno per ventun giorni, a voce abbastanza alta e davanti allo specchio, almeno tre volte al giorno:
"Io sono unico e irripetibile. Io sono più che abbastanza. Io sono padrone di me stesso."
Come ti sentirai alla fine dei ventun giorni? Sicuramente più sicuro e sereno.

Nel percorso che ho fatto su me stessa e con gli altri, ho compreso veramente il valore dei messaggi che riceviamo dal mondo adulto nei primi tempi di vita e quanto questi abbiano un'influenza rilevante per tutto il resto della nostra vita.

Come adulti responsabili di fronte a minori, cercheremo di fare del nostro meglio, ma è chiaro che, a volte, saremo presi dall'ansia, dal non saper affrontare determinate situazioni, dalle difficoltà quotidiane...
Suggerisco un piccolo aiuto per grandi e piccini, "L'alfabeto del bambino naturale", che racchiude appunto in ogni lettera dell'alfabeto messaggi importanti per i bambini, per gli adulti e per le ferite dei nostri bambini interiori.

Ne riporto due parti, che t'invito a leggere con calma, dopo chiudi gli occhi, rilassati con una respirazione profonda e fatti invadere dalla luce dorata delle parole che seguono...

"Desiderami,
come la notte desidera il giorno
e trepida attende l'aurora,
come la cinciallegra desidera il mattino
per offrirgli il suo primo canto,
come il gelsomino desidera la sera
per inebriarla del suo profumo,
come l'onda desidera l'oceano
per fondersi in lui in un unico respiro,
come la notte desidera le stelle
per rivestirsi di luce."

Ecco un nuovo mantra da ripetere e da insegnare ai piccoli:
"Io sono un bambino desiderato. Io sono un bambino amato. Io sono una meraviglia da ammirare. Io sono libero di essere chi sono."

"Sorridimi quando mi guardi,
io mi specchio nei tuoi occhi
e scopro il mondo.
È la luce dei tuoi occhi
che mi accoglie quando nasco:
custodiscila,
falla brillare
affinché io mi possa innamorare.
Di te e della Vita."

Per crescere occorre diventare sempre più consapevoli del proprio vissuto e, rispetto al mondo dell'emozioni, si possono leggere molti libri che supportano questo presupposto e che è un vero e proprio apprendimento.

Consiglio un testo di Molly Potter, che ho utilizzato e di cui ne ho pesato la valenza, "Come ti senti oggi ?", Edizione Giunti.
Oltre ad una breve spiegazione sulle emozioni principali, contiene indicazioni preziose per aiutare a gestirle, consigli e attività valide per bambini e per adulti.

Per aiutare i bambini a potenziare la propria intelligenza emotiva sono determinanti la narrativa e la poesia perché, tramite l'identificazione in un personaggio, si possono cogliere gli stati d'animo, comprendere i pensieri che provengono dal dialogo interno, imparando a far attenzione a tutti i segnali del corpo.

Le emozioni vanno semplicemente accolte e riconosciute, per questo, t'invito a immaginarti come Cielo e a pensare ai sentimenti come Nuvole che lo attraversano con la loro enorme varietà di forma e colore.
Questa metafora è presentata da Miranda Sorgente nel video corso "Alchimia delle emozioni", Corsi.it, e ho avuto da lei l'autorizzazione di poterla utilizzare per dare uno stimolo ai bambini tramite la favola che adesso ti presenterò.

Le favole e le fiabe, in realtà, sono idonee anche per gli adulti, in quanto offrono un contesto che è confine e sistemazione di vissuti variegati ed è sicuramente molto fruttuoso mettere su carta quanto viviamo: permette di dare una forma ad un qualcosa che magari non è troppo chiaro, mentre lo scrivere ci illumina, consente di superare il fuoco iniziale dell'emozione. Questa è senz'altro l'importanza di custodire un diario: sulla pagina bianca, possiamo svelare la nostra fragilità, raccontando tutto il film che ci facciamo; oltre all'emozioni e ai pensieri, possiamo definire convinzioni, azioni, sensazioni corporee. Possiamo permetterci di sentirci feriti, offesi e tirar fuori la rabbia senza censure.

"Un giorno, il Cielo si tinse di arancione, come quando il sole tramonta felice e sfuma nell'oro e nel rosso di nuvole piccole e nuvole distese, come piccoli prati profumati d'arancia fresca!

Il Cielo osservava il colore vivo ed era così orgoglioso che sentiva il tepore, il calore affettuoso delle nuvole, la gioia dei colori caldi che emanavano energia ricca e amorosa.
Il Cielo poi iniziò a tingersi di colori più scuri... stava arrivando il buio e dall'arancio, rosso, oro, si trasformava in blu scuro, violetto e indaco.

Il Cielo si sentiva calmo, quieto... una grande musica tranquilla lo invadeva e portava calma, serenità a tutto il suo manto che diveniva sempre più punteggiato di luci splendide.
Il Cielo aveva la forma notturna di un velluto soffice soffice, che

era disegnato da costellazioni in contatto e in dialogo continuo tra loro. Le voci delle stelle erano sommesse, ma ogni animale della Terra poteva seguire il loro canto misterioso, antico, profondo.

Guardare le stelle è come scegliere di infilarsi in una profondità, nel baratro del tempo, far vibrare le voci più lontane, più antiche, come un fiume che riparte dall'origine della sorgente e va incontro al mare, nel suo percorso sempre continuo e diverso.

Ogni giorno e ogni notte è un nuovo giorno e una nuova notte! É un ciclo fatto di momenti vicini, di tanti adesso che susseguono... e tu adesso, lo senti?
C'è il canto dell'alba che giunge con il suo vestito abbagliante, è un canto ricolmo di gioia! Basta guardare per innamorarsi di tanta bellezza!

Il Cielo, allora, torna ad essere sereno e la luce sempre più forte, potente, determinante per la vita di tutti! Le nuvole vanno e vengono, cambiano forma e posizione e ogni volta puoi scoprire una differenza, un cambiamento.

Sono l'essenza della mutazione, non c'è niente di uguale e identico. Ogni volta il Cielo è unico e, nel mutare del tempo, si ritrova ad essere unico e speciale! Nel Cielo, puoi osservare tante differenze e cogliere dettagli sempre nuovi...

La Nuvola tonda tonda che si vergogna e cerca di nascondersi dalla vista di tutti... la Nuvola larga e piatta che trema di paura davanti al sole di mezzogiorno... la Nuvola tratteggiata con spigoli e curve strambe di rabbia che cerca il nero per scaricarsi di dosso tutte le lacrime fermate e assorbite ...
La Nuvola piccola che non ha confini nitidi e cerca di stare più di tutti vicina alle altre perché teme l'esclusione dal grande gruppo...
La Nuvola grigia di tristezza che cerca di allontanarsi, di rintanarsi in qualche angolino nascosto... la nuvola con cime curve di capelli mossi al vento e si sente diversa con quello strano taglio, come se tutte le altre la guardassero e la giudicassero diversa... Le Nuvole oro che sprizzano gioia e allegria nella loro preziosità e singolarità speciale!
Le Nuvole rosa si sentono accolte e abbracciate... le Nuvole rosse appaiono fiori esclusivi nel grande cielo del giorno...

Ogni nuvola contiene tratti, sensazioni, emozioni e il Cielo registra tutto. Il Cielo prende nota di ogni sfumatura, di ogni caratteristica, vorrebbe incoraggiare la nuvola più timida, lodare la più gentile, abbracciare la più triste che si sente sola, ma non sa bene come fare.

Così, il Sole e la Luna un giorno, sentendo l'affanno del Cielo, gli dissero:
"Caro Cielo, sei immenso, sei infinito! Sei l'Infinito!
Conosci colori, suoni, sfumature, dettagli di ciascuno! Raccogli le preghiere, i pensieri, le emozioni sia belle che brutte di ciascuno. Sei una grande tela dove non manca niente! Sei il contesto dove avviene tutto! Il teatro della Vita a cui tutti partecipano!
Guarda e, mentre osservi, ti sembra di non far niente, di non dare alcun contributo, ma il tuo ruolo è proprio questo: essere, osservare, lasciar andare. Tu sai stare nel *qui ed ora*! Questo è il potere dell'Adesso!
Ogni nuvola poi cambia forma e a ciascuna consenti di esprimersi e di esserci come vuole, come riesce... Non c'è da giudicare... devi solo apprezzare quest'immensa gioia che viene dal trovarsi nell'attimo e nella mutevolezza; assapora il potere dell'essere

adesso nella totalità, nell'infinito dello spazio... nella sacralità della Vita, nel respiro dell'Universo!'".

Il Cielo, allora, scelse la sua grandezza, sentì il suo valore incommensurabile e riconobbe l'importanza dell'essere grati alla Vita come primo pensiero del giorno per ciascun uomo, per ogni nuvola, per tutti i raggi del Sole".

L'attività che segue questa favola, oltre il disegno libero inerente l'aspetto che più ci è piaciuto, è il disegno delle nuvole con le varie emozioni, perciò la nuvola arrabbiata avrà il colore e la forma della rabbia e quella felice colori e forma ben diversi dalla precedente...

Ogni emozione sarà caratterizzata da nuvole diverse, poi, con la pittura su un cartoncino, potremmo realizzare il cielo su cui poter accostare le nuvole dei vari sentimenti.
Con il passare del tempo, tutto ciò potrà essere utilizzato per definire ulteriori stati d'animo e affrontare nuovi vissuti, dar loro una forma che li oggettivizza, che aiuta la riflessione e la rielaborazione.

Può essere un'interessante occasione di dialogo e di scambio, decidere di osservare il cielo da una stessa finestra in momenti diversi e in più giorni, per vedere il cambiamento, per imparare da quell'angolo di cielo come la mutevolezza sia costante... inevitabile... talvolta minacciosa... talvolta meravigliosa...

Fissare un'immagine di cielo azzurro luminoso e respirarne il colore, l'aria fresca, la tranquillità, ci rende sereni... ci aiuta a sentirci anche noi Cielo... anche noi siamo Infinito!

Se osservi attentamente, scopri luce… oscurità… senti il suono lieve del vento che accarezza l'acqua… provi la meraviglia di fronte alla vastità del Cielo… senti la pelle illuminata d'argento… respiri il Cielo… l'acqua… la luce… e il cuore si riempie di completezza…
Ti senti intero e parte del Mondo!

Possiamo avvertire questa grande e meravigliosa certezza: "Non siamo soli", come dice questa canzone di Eros Ramazzotti e Ricky Martin. Ti invito a leggere il testo e ad ascoltarla:

"É la voglia di cambiare la realtà
che mi fa sentire ancora vivo
e cercherò tutti quelli come me
che hanno ancora un sogno
in più, un sogno in più
dentro un libro che nessuno ha scritto mai
leggo le istruzioni della vita
anche se so che poi non le seguirò

farò ciò che sento
oltre le distanze, noi non siamo soli
figli della stessa umanità
anime viaggianti in cerca di ideali
il coraggio non ci mancherà
supera i confini di qualunque ideologia
l'emozione che ci unisce in una grande idea
un altro mondo possibile c'è
e lo cerco anch'io e lo voglio anch'io come te

nelle pagine lasciate in bianco noi
diamo spazio a tutti i nostri sogni
nessuno mai il futuro ruberà
dalle nostre mani
oltre le distanze, noi non siamo soli
senza più certezze e verità
anime confuse, cuori prigionieri
con la stessa idea di libertà… libertà
oltre le distanze, non siamo soli
l'incertezza non ci fermerà

supera i confini, non conosce geografia
l'emozione che ci unisce in una grande idea
oltre le distanze noi non siamo soli
sempre in cerca della verità
anime viaggianti, cuori prigionieri
con la stessa idea di libertà
un altro mondo possibile
c'è e lo sto cercando insieme a te
anch'io con te… insieme a me
e tu con me".

Noi siamo Infinito e, se scegliamo la foto di una costellazione, possiamo ammirare e lasciarci incantare dai numerosi punti di luce che, con delicatezza, con pollice e indice, possiamo prendere e portare sul corpo... su tutte le parti del corpo... con una mano e con l'altra... e diventare luce!

Cerchiamo il simbolo dell'infinito e stampiamolo grande su un foglio A3, sia per ricordarci che siamo una scintilla di energia e di luce in espansione costante, sia per svolgere un'attività molto proficua per corpo e mente.

Con un dito o con una penna chiusa, possiamo ripassare questo simbolo, iniziando dal centro e poi su in alto, seguendo il flusso... e possiamo leggere il libro di Ruth Schmid, "Otto biscotto", e realizzare tanti Otto distesi, tracciandoli sulla sabbia, camminando su un percorso predisposto, sia in avanti che a quattro zampe, sia saltellando che andando di lato...

Perché questo esercizio?
Disegnare l'infinito aiuta l'integrazione dei campi visivi, migliorando la visione binoculare e periferica, attivando entrambi

gli emisferi cerebrali, incoraggiandoli a collaborare. É utile disegnarlo nell'aria di fronte a noi, con la mano dominante e poi con l'altra, e poi anche insieme, chiudendo la mano, ma tenendo il pollice alzato, come se fosse un pennarello che parte dal centro e va verso l'alto e continua a seguire il flusso per almeno cinque volte.

Successivamente, è importante disegnare più volte questo Otto sdraiato su un grande foglio di carta, appoggiato su un tavolo o fissato verticalmente su una parete, collocato in modo tale che il centro sia direttamente allineato con la nostra linea mediana. Si deve tracciare con una mano, partendo dal centro dell'Otto e seguendo la linea, prima andando in alto e poi verso sinistra, tenendo la testa ferma, lasciando che gli occhi seguano la mano.

In seguito, occorre tracciare questa forma alcune volte con una mano, poi con l'altra, poi con entrambe e, ogni volta che si cambia mano o si comincia da capo, bisogna partire dal centro e proseguire verso l'alto, a sinistra.
Cosa si prova a seguire il flusso dell'infinito?

Per memorizzare questo meraviglioso simbolo, Emanuele ne ha creato uno profumato con fiori secchi e poi, dopo averne disegnati di diversi colori, ne ha realizzato uno con sassolini colorati; mentre procedeva verso sinistra, ha sentito dolcezza, viceversa, andando verso destra, ha provato amore...

Quest'attività fa parte del Brain Gym, un programma che consiste in semplici esercizi di movimento che aiutano a sintonizzare e ottimizzare corpo e mente, a stimolare ed ampliare le capacità di attenzione e di apprendimento, oltre alla coordinazione e al benessere. Suggerisco altri movimenti perché sono molto semplici, e sia bambini che adulti possono eseguirli senza alcuna difficoltà.

Il *cross-crawl* attiva l'emisfero destro e sinistro, attraverso il movimento incrociato gamba destra – braccio sinistro, gamba sinistro – braccio destro.
La mano destra tocca la gamba sinistra che si solleva e viceversa e questo stabilizza il bacino, mobilizza e stabilizza le spalle, attiva i riflessi preposti all'andatura.

Lo si può eseguire anche da seduti, poiché migliora la qualità del movimento fine, allenta la tensione e prepara ai contatti crociati. I suddetti contatti sono "nodo" e "calamita". Per fare il nodo si incrociano le caviglie, poi si estendono le braccia in avanti e s'incrocia un polso (dello stesso lato, come la caviglia che sta sopra); sull'altro, s'incrociano le dita e si tirano le mani congiunte verso il petto.

Occorre mantenere questa posizione per almeno un minuto o poco più e respirare lentamente, tenendo la lingua incollata al palato mentre si inspira. In questo momento, è molto utile pensare e ripetere una parola che ci piace, ad esempio "calma," "armonia", oppure visualizzare un qualcosa che ci procura gioia e serenità.

Solo quando sentiremo che dentro di noi è sopraggiunto davvero un sentimento positivo, saremo pronti per fare la "calamita".
Si sciolgono gli incroci, si posano i piedi sul pavimento e si congiungono i polpastrelli all'altezza del petto, si continua a respirare profondamente per un minuto, sempre con la lingua incollata al palato durante l'inspirazione.

Questo esercizio facilita il rilassamento, migliora il livello di focalizzazione, concentrazione e organizzazione. Attiva il sistema vestibolare e i muscoli preposti all'equilibrio, aiuta a recuperare stabilità, attiva il pensiero astratto e favorisce la correlazione emisferica attraverso il corpo calloso.

Il rispetto della propria unicità non deve far dimenticare il valore dell'empatia, della condivisione, della connessione con tutta la nostra realtà.
É proprio questo sentirsi simili, con stessi desideri, uguali bisogni e comuni sentimenti che amplifica il nostro potere relazionale, infatti la crescita è aiutata dal confronto con l'altro.
Il confronto è inteso come rispetto delle idee e accettazione dei molteplici punti di vista, proprio così potremmo arricchirci, dare colori variegati al nostro cammino.
La tendenza a stare sulle difensive, a giudicare senza conoscere, a irrigidirci sulle nostre posizioni e abitudini ci priva spesso dello stare bene, ci limita nella nostra espressione, smorza la comunicazione.
La resilienza si mostra quando, malgrado giudizi e critiche, riusciamo ad essere coerenti e congruenti rispetto ai nostri valori,

alle scelte che ci rappresentano. La resilienza abbatte la vergogna perchè va nella direzione opposta rispetto a questo sentimento che ci paralizza, che ci fa sentire infimi, troppo diversi, non degni.

La ricercatrice Brené Brown riporta sul suo sito questa lista di comportamenti che consentono buone relazioni e una possibile crescita per tutti:

1) Sono pronto a sedermi accanto a te, piuttosto che starti di fronte.
2) Sono disposto a mettere il problema davanti a noi piuttosto che tra di noi (o passarlo a te).
3) Sono pronto ad ascoltare, a porre domande e ad accettare che non sia in grado di comprendere appieno il problema.
4) Voglio riconoscere ciò che fai bene, invece che vedere solo i tuoi errori.
5) Riconosco i tuoi punti di forza e come puoi usarli per affrontare le tue sfide.
6) Posso ritenerti responsabile senza farti vergognare o incolparti.
7) Sono disposto a essere responsabile della mia parte.
8) Posso ringraziarti per i tuoi sforzi, piuttosto che criticarti per i tuoi difetti.

9) Posso parlare di come risolvere queste sfide che ti porteranno crescita e opportunità.
10) Posso modellare la vulnerabilità e l'apertura che mi aspetto di vedere da te.

Questa ricercatrice ha documentato in numerosi libri e interviste come tutti siamo ugualmente bisognosi di sentirci parte integrante del mondo e come il vivere questo senso di appartenenza e di connessione ci permetta di andare oltre, di rialzarci, di costruire, di migliorare davvero non solo la nostra vita, ma quella dell'intero pianeta e tutto questo è ben sintetizzato in questo testo:

Manifesto dei coraggiosi dal cuore spezzato
"Non c'è una minaccia più grande per i critici, i cinici e per gli istigatori di paura che quello che siamo noi, disposti a cadere perché abbiamo imparato a rialzarci, con le ginocchia sbucciate e i cuor feriti; noi scegliamo di essere padroni delle nostre storie di battaglia, piuttosto che nasconderci, scappare o fingere.

Quando neghiamo le nostre storie, esse ci determinano. Quando scappiamo dalla battaglia, non siamo mai liberi. Quindi, rivolgiamoci alla verità e guardiamola negli occhi.

Non saremo i protagonisti delle nostre storie, non saremo furfanti, né vittime, né tanto meno eroi. Noi siamo gli autori della nostra vita. Noi scriviamo i nostri lieto fine. Costruiamo amore dal dolore, compassione della vergogna, clemenza dalla delusione, coraggio dal fallimento.

Mostrarci per quello che siamo è il nostro potere.
La storia è la nostra strada di casa.
La verità è la nostra canzone.
Siamo coraggiosi e con il cuore spezzato.
Stiamo crescendo forti."

Come parlare ai bambini di diversità e connessione?
Riporto una favola che non solo potrai leggere, ma anche illustrare nella sua sequenza, utilizzando la pittura, l'acquerello, il collage... varie tecniche artistiche per sollecitare l'espressione e il divertimento dell'arte!

Il giardino della principessa Fiore :

"In un regno molto lontano da qui, dove i prati e le nuvole si confondono e il soffice dell'erba assomiglia alla leggerezza delle nuvole, dove il cielo si specchia nell'acqua dei laghi cristallini, dove l'acqua chiara tintinna come campanelle d'argento vivo... viveva la principessa Fiore.

La principessa Fiore si chiamava così perché aveva la pelle liscia e vellutata come un fiore e amava coltivare tanti tipi di fiori. Ogni fiore, da lei piantato con amore, aveva la sua zona riservata, un giardino protetto da un recinto di piccoli massi chiari.
C'era perciò lo spazio per tutto: rose, margherite, garofani, violette, tulipani, iris, fiordalisi, mughetti...

Ogni fiore conviveva pacificamente con i suoi simili e la principessa Fiore, con amore, portava loro l'acqua necessaria... strappava le erbacce... proteggeva la loro crescita con dolci parole...
Un brutto giorno, però, arrivò un vento furibondo che strapazzò i fiori qua e là e ne estirpò alcuni con tutte le radici, posandoli confusamente in un prato lontano.
La principessa Fiore ricercò i suoi fiori e, quando li ritrovò,

preparò il terreno perché potesse accoglierli degnamente; con delicatezza, li piantò ben bene in quel prato scelto a caso dal vento. C'erano proprio tutti, ma tutti diversi, e, quando ebbe concluso il suo lavoro, disse loro con affetto:

«Cari fiorellini miei, il vento vi ha allontanato dalla vostra casa e ha scelto per voi una nuova vita, a contatto con fiori sconosciuti, ma potrete formare una sola famiglia e resistere ad ogni tempesta! Se unirete le vostre radici come mani che si incrociano, come un'unica rete... potrete donare ai vostri compagni un po' del vostro profumo particolare!

Ciascuno è unico e speciale! La dolcezza della rosa non darà noia certamente all'asprezza del garofano e l'accento pungente del tulipano non sarà sgradito alla delicatezza del mughetto. Ognuno darà il meglio di sé e... in questa fusione starete bene e più forti che mai!».

La principessa salutò tutti con un bacio che il vento leggero diffuse sul prato...

Nel frattempo, il Sole, che aveva ascoltato tutto, si rivolse ai fiori: «Ho udito le parole della principessa e penso che abbia proprio

ragione... Voglio regalarvi un seme di luce, un seme piccolo e calduccio che vi fortificherà! Ecco... scintilline dorate che donano energia e forza nuova... e crescerete belli e sani!».
I fiori ringraziarono il Sole di quel dono magico che li fece vibrare in ogni parte.

Quella stessa notte, parlò loro la Luna:
«Fiorellini belli, anch'io voglio farvi un dono speciale: vi mando una grande goccia ciascuno, una goccia della mia luce d'argento!».
Sui fiori giunse una dolce doccia che li fece sentire tutti interi... era bello essere sfiorati da quell'acqua che puliva e portava via brutti pensieri e paure...

I fiori avevano ricevuto doni particolari che aprirono loro gli occhi su quanto già era loro donato... la rugiada fresca, la carezza delicata del vento, il bagno rigenerante della pioggia...
Impararono ad apprezzare i regali di ogni giorno e così ebbero la forza di guardarsi intorno per vedere la forma e i colori degli altri...

Scoprirono come ogni fiore fosse profondamente diverso e bello nella sua originalità!
Scoprirono che sotto terra le radici erano molto simili e potevano davvero unirsi e fortificarsi a contatto con gli altri.

Nello scorrere del tempo, la principessa Fiore si rese conto che quel giardino variopinto che cresceva, era straordinario!
C'era forse sotto un incantesimo?
No, solo la forza dell'amicizia e la gioia del sentirsi partecipi della stessa vita!".

Capitolo 4:
Come trovare la via della felicità

"Un'antica leggenda indù narra che un tempo gli uomini erano dèi, ma abusarono a tal punto della loro divinità che Brahma, Signore degli dèi, decise di privarli del potere divino e nasconderlo in un luogo dove non sarebbero mai riusciti a trovarlo.

Riuniti in consiglio, gli dèi minori furono interpellati su quale sarebbe stato il nascondiglio migliore. Alcuni proposero: «Seppelliamo la divinità dell'uomo negli abissi della Terra». Ma Brahma obiettò: «Non è sufficiente, l'uomo scaverà e finirà per trovarla».

Allora gli dèi dissero: «Bene, allora occulteremo la sua divinità nel più profondo degli oceani». Ma Brahma replicò: «No, perché, prima o poi, l'uomo esplorerà le profondità di ogni oceano e la riporterà in superficie».

A quel punto, gli dèi minori conclusero: «Non sappiamo dove nasconderla, sembra che non ci sia posto sulla Terra o nel mare che l'uomo non possa esplorare».

Allora Brahma disse: «Ecco cosa faremo con la divinità dell'uomo, la nasconderemo nel profondo del suo cuore. Lì non penserà mai di cercarla».

E così fecero. Da quel giorno, l'uomo ha viaggiato in lungo e in largo, si è arrampicato sulle montagne più alte, si è tuffato negli oceani più profondi e ha esplorato e scavato in ogni luogo alla ricerca di qualcosa che, in realtà, è sempre stato racchiuso dentro di sé.".

Quando all'inizio ho parlato di resilienza, ho raccontato di bambini con un bisogno enorme di essere riconosciuti, amati, di ricevere conferme e incoraggiamenti frequenti... rispetto a questi bisogni emotivi che tutti abbiamo, può essere utile il "gioco del tesoro". Questo gioco consiste prima di tutto nel procurarsi una cartellina color giallo luminoso per poterci inserire disegni e parole.

Andiamo alla ricerca del tesoro che è dentro di noi e facciamolo iniziando a porre domande agli altri tramite il gioco del "Se fossi...", di cui ho parlato anche nel primo libro, e ogni risposta diventa un disegno o una breve metafora.

Si chiede "Se io fossi un ...": colore, fiore ,frutto, stagione, gioco o giocattolo, cibo, albero, situazione meteorologica, elettrodomestico, gioiello o pietra preziosa, indumento, parte del corpo, emozione, ambiente, abitazione, mezzo di trasporto, personaggio di una fiaba o di un film, oggetto, acqua, aria, terra, fuoco, sport, musica o canzone, strumento musicale, lavoro, animale...

Si può fare questo gioco con tante persone e ognuno, pur di fronte alla stessa domanda, offrirà risposte differenti...
Con delle colleghe, dopo che tutti i bambini avevano ricevuto il dono del disegno dai compagni, abbiamo regalato a ciascuno le nostre metafore.
Ti riporto, a titolo di esempio, la prima scritta da me, la seconda da Lisa Milone e la terza da Lorena Angileri, donate con una bella foto a colori a Marianna:

"Sei una stellina luminosa,
vivace e allegra,
che sa giocare e ridere
felice.

Sei un fiore luminoso
che brilla
alla luce dell'Amore.

Sei un girasole,
alzi e giri il tuo volto verso il raggio di sole
che ti fa battere più forte il cuore,
così la tua gioia e la tua simpatia
contagiano gli altri con tanta allegria…".

Il gioco del tesoro aiuta a capire come e cosa leggono gli altri di noi e, sicuramente, mette in evidenza i nostri talenti, i punti di forza, la nostra parte migliore. Possiamo rivolgere la domanda "Se fossi…" verso noi stessi, aumentando l'autocoscienza e andando così a scoprire i tesori che siamo in grado di riconoscerci.

Questo gioco è utile per tutti perché anche bambini di soli sei anni sono aperti, sanno ben visualizzare e il loro inconscio parla senza censure.

Prima di porci delle domande, è consigliabile fare una valutazione tra i vari "Se fossi..." e, una volta compiuta questa scelta, possiamo per ciascuno scrivere una frase con qualche dettaglio che lo descriva e per fare ciò è sufficiente immaginare .

Ecco degli esempi, poi sulle righe potrai liberamente scrivere:

Se io fossi un... colore?

Io sono il verde scuro del bosco fitto
dove i raggi del entrano piano piano.
Io sono il giallo gustoso
dell'uovo che dà energia.
Io sono il rosso dolce delle fragole mature
che si sciolgono in bocca.
Io sono il blu profondo del cielo
che assomiglia ad un velluto morbido

con tanti puntini luminosi.
Io sono il rosa sfumato dei fiori appena sbocciati
sull'albero di pesco.
Io sono il rosso vivo del fuoco
che riscalda e rallegra tutti.
Io sono il celeste trasparente del cielo
che gioisce ogni giorno del sole.
Io sono il marrone denso della terra
che profuma e protegge tutti i semi.
Io sono il nero vivo della rondine
che vola contenta,
disegnando linee nel cielo.
Io sono il viola dell'ametista
che è prezioso ed elegante.
Io sono il bianco della neve
che rallegra tutti i bambini.
Io sono l'arancione profumato
dei mandarini freschi.
Io sono il blu e il verde acqua
che sfioro,
mentre passeggio felice nel mare.

Io sono il rosa fucsia che splende
su soffici labbra.
Io sono il bianco puro dei petali
della margherita.
Io sono il grigio leggero leggero
delle nuvole sparse
in un giorno di pioggia.
Io sono il giallo vivace dei campi
pieni di girasoli alti e luminosi.

Per scrivere frasi simili alle precedenti, occorre rispondere alle seguenti domande:
Quale colore?
Come è questo colore? Trova almeno un aggettivo
Dove è? A cosa appartiene?
Cosa fa ?
Quale sensazione o emozione suscita?

Se io fossi un… animale?

Io sono una farfalla bianca bianca come la neve,
sono un puntino bianco tra fiorellini giallo uovo.
Io sono una pantera nera, agile e veloce
che cammina con eleganza.
Io sono un orsetto bruno che ama tanto il miele
e grattare la schiena lungo il tronco degli alberi.
Io sono un cane mansueto che protegge il proprio gregge
e lo preserva dai pericoli.
Io sono un delfino innamorato del mare, dei tuffi
e della schiuma allegra che solletica il corpo.
Io sono un pulcino timido che ha rotto metà guscio
e guardo curioso il mondo grande intorno a me.
Io sono un ragno paziente che con grande maestria
costruisce ragnatele perfette.
Io sono una formica sempre indaffarata
che si riposa poco e viaggio ovunque, in tutte le direzioni.
Io sono una tigre rara
che immobilizza con lo sguardo profondo.
Io sono un gabbiano libero che esplora spazi enormi di cielo

e infiniti orizzonti sul mare.
Io sono una poiana forte che sfida i pericoli
e fronteggia ogni tipo di ostacolo con determinazione.
Io sono una libellula leggera dalle ali trasparenti
che ama il vento e volteggiare su me stessa.
Io sono un lupo coraggioso che sa stare nel gruppo dei pari,
conosco la forza del branco e la bellezza del bosco.
Io sono un camaleonte che desidera confondersi
con il proprio ambiente per modificare il colore.
Io sono una grande balena e canto con passione
il blu profondo e il verde dell'acqua.
Io sono una tartaruga terrestre che viaggia lenta,
ma con gioia assaporo ogni passo e ogni impronta
che lascio sul terreno.

Per scrivere frasi simili, è sufficiente rispondere alle seguenti domande:
Quale animale?
Com'è? Trova almeno un aggettivo
Come si muove?
In quale ambiente vive?

Cosa fa?

É solo o con altri? In quale relazione?

Come si sente?

Se fossi un... ambiente?

Io sono il cielo scuro della notte dove i punti di luce
sembrano fiammelle che lampeggiano.
Io sono l'orto ricco di pomodori, insalata, zucchine, patate
e sono felice di ognuno perché ciascuno è sapore unico!
Io sono un campo pieno di meli...
Ogni albero ha la sua storia, il suo profumo
e ogni mela è speciale nel suo colore, nella sua forma, nella sua grandezza...
Io sono una spiaggia con castelli di sabbia,
ciottoli diversi
e bambini che giocano sereni...

Io sono l'aria fresca del mattino
che sveglia tutti
e offre profumi straordinari.
Io sono una savana libera
dove leoni e gazzelle si rincorrono.
Io sono una giungla fitta di vegetazione
dove il sole non può penetrare
se non in gocce di luce.
Io sono un campo di girasoli dal colore vivo
che rallegra chiunque lo guardi.
Io sono un vigneto pieno di uva dolcissima.
Io sono un frutteto con alberi
pieni di fiorellini rosa e bianchi,
tutti pronti a diventare frutti.
Io sono un uliveto con piante antiche
dal tronco contorto
e dalle foglie verdi e argento.
Io sono la terra calda e marrone scuro
appena mossa dall'aratro.
Sono aperta ad accogliere i chicchi di grano
che diverranno spighe.

Io sono un prato di erbetta fresca
che si lascia accarezzare dal vento
e scaldare dolcemente dal sole.
Io sono il mare in tempesta
con cavalloni alti alti
che sbatte con furia contro gli scogli.
Io sono la punta di una montagna enorme
e da qui contemplo il mondo piccolo.
Io sono un deserto di sabbia rossa e oro
che si lascia modellare dai venti
e mantiene intatti i suoi tesori.
Io sono un bosco di castagni
che regala frutti dolci
e ama tanto le voci dei bambini che mi visitano.
Io sono un roseto con rose delicate
dal profumo intenso
e dai colori rosso… giallo…bianco…rosa…
Io sono un giardino con alberi in fila
e fiori disposti in aiuole variopinte.
Io sono una pineta che ospita panchine e giochi
per dare a tutti sollievo

nelle giornate afose.
Io sono il cielo tutto azzurro
che ride contento del suo colore luminoso.
Io sono il mare color oro
nel momento del tramonto
e così tutto diventa prezioso...
Io sono il prato pieno di margheritine
che assomigliano a tanti occhietti vivaci.

Per scrivere frasi simili, bisogna porsi queste domande:
Quale ambiente?
In quale momento della giornata?
In quale stagione?
Com'è? Trova almeno un aggettivo
Quali elementi lo caratterizzano? Come sono?
Cosa fa?
A cosa assomiglia?
Come si sente?

Se io fossi un movimento?
Se io fossi un sapore?
Se io fossi un profumo?
Se io fossi una sensazione tattile?
Se io fossi un suono?

Io sono il salto allegro
che percorre strade erbose sul prato.
Io sono il sapore fresco e un po' aspro
dell'arancia.
Io sono il profumo delicato del gelsomino
che sta insieme a tanti altri fratellini.
Io sono il liscio della carezza del vento leggero
che sposta le foglie.
Io sono il suono tic tac tic tac
della pioggerella lenta.
Io sono la corsa sfrenata
del giaguaro
alla ricerca della preda.

Io sono l'amaro intenso del cioccolato
che fa felice tutti!
Io sono l'odore fragrante
del pane appena cotto
che si diffonde per tutta la via.
Io sono il ruvido della corteccia marrone
dell'albero forte.
Io sono il suono dello scorrere continuo
dell'acqua del fiume.
Io sono la danza volteggiante, saltellante
che ama cambiare spazio e andare ovunque.
Io sono l'odore denso
della terra bagnata di pioggia.
Io sono il morbido della pelle del neonato
che è felice di esserci.
Io sono il rumore del vento che cambia
di intensità,
di lunghezza,
di velocità,
ma sa penetrare ovunque.

Io sono il roteare del mondo

che continua

all'infinito nei secoli.

Io sono il sapore salato

della schiacciata gustosa

con il prosciutto.

Io sono il profumo della rosa

che affascina

e fa innamorare.

Io sono il freddo dei cristalli di neve

che scendono nel silenzio.

Io sono il suono crepitante del fuoco nel camino

che illumina, riscalda, avvicina.

_____

_____

_____

Per scrivere queste metafore, oltre a porsi domande simili alle precedenti, si può fare questa semplice ed efficace esperienza: Chiudi gli occhi... mettiti seduto con i piedi appoggiati a terra...

respira profondamente, almeno tre volte gonfiando la pancia... davanti agli occhi chiusi, nello schermo bianco, arriva l'immagine del colore che preferisci, che in questo momento preciso ti rappresenta o ti è più utile...

Quando giunge il colore, guardane le caratteristiche... Respiralo e diventa questo colore... ascolta le sensazioni e le emozioni...

Visualizza l'animale che oggi ha un messaggio per te...
Concentrati bene sul momento di questo incontro speciale...

Senti in bocca il sapore che ti riempie e ti gratifica...

Segui le sensazioni del corpo... cosa ti sta dicendo...
Gusta il profumo che lo avvolge e che, piano piano, va dentro e si diffonde...
Vivi la totalità dell'esperienza...

Visualizza i movimenti che liberamente il corpo vuole vivere, nel luogo che ti fa sentire protetto... Senti la musica di questo posto speciale... Vivi questo luogo sulla pelle...

Puoi provare questa visualizzazione con l'intensità di tutti i sensi in più fasi e tutte le volte si rivelerà un'esperienza diversa, ogni volta diventerà più intensa e comunicherà sempre messaggi importanti!

Il gioco del tesoro pone l'accento sulla nostra ricchezza e, andando alla ricerca di qualcosa che potesse mostrare la bellezza ai bambini (per far sì che lentamente ne siano consapevoli), ho scelto una poesia racchiusa nel libro di Vilma Costetti e Noele Mrazek, "Al nido con la Comunicazione non violenta", Edizione Esserci.

La poesia s'intitola "Vedimi bello":
Vedimi bello,
Cerca ciò che c'è di meglio in me.
É veramente ciò che sono
ed è tutto ciò che voglio essere.

Questo può prendere del tempo,
questo può essere difficile da trovare,
ma vedi la bellezza in me

ogni giorno e tutti i giorni.

Vuoi provare?
Puoi trovare un modo
per vedermi brillare
attraverso ogni mia azione
e vedere questa bellezza in me?

Rileggila con calma e rifletti... a me ha colpito molto, tanto che grazie a questa poesia è nata la seguente fiaba:

"C'era una volta un principe biondo con gli occhi azzurri, che amava duellare e fare gare a cavallo con gli altri principi dei regni vicini. Viveva in un castello immenso insieme ai suoi genitori.
La regina anche era bellissima, bionda, dagli occhi azzurri e, come mamma, voleva solo giocare e ballare con il suo bellissimo principe.
Il re aveva l'aspetto un po' rude, un po' severo ed era sempre pronto a duellare, a lottare.
Tutti insieme spesso giocavano, il principe con la mamma passeggiava nei boschi vicini e con il padre si divertiva in lunghe

corse a cavallo e a lottare a corpo libero, per allenarsi, per diventare più forte e coraggioso.

Un giorno, però, il principe si ammalò e, invece di duellare, si mise a saltellare come un canguro da tutte le parti, non voleva più fare lunghe passeggiate, ma cercava di arrampicarsi sugli alberi per far dispetti agli uccellini nel nido o per far scappare gli scoiattoli dalle loro tane.

La regina era davvero preoccupata, perché non capiva cosa fosse accaduto al suo bellissimo principe... era nervoso e non dormiva più molto bene e gli altri principi non venivano più a giocare e a duellare con lui, perché voleva sempre vincere e, non accettando le sconfitte, gli altri si erano stufati di dargliele sempre vinte.

Il re e la regina ormai non sapevano più come prenderlo e come aiutarlo. Il mago di corte, allora, fu chiamato per un consulto. Osservò il principe e disse:

«Miei cari genitori reali, questa malattia non è grave e si può guarire, ma occorre tempo e pazienza e dovete dargli una pozione che mescoli un po' di polvere di stelle, un piccolo raggio di sole, un po' di vento fresco del mattino, un po' di schiuma del mare, una radice profonda di abete e una pietra preziosa prelevata dalla miniera che sta sulla Montagna Dorata.».

Il re e la regina non sapevano proprio come procurarsi tutte quelle cose e, allora, il mago rispose loro che la cosa migliore era... che fosse proprio il principe a provvedere alla ricerca.

Il principe, così, il giorno dopo partì per un lungo viaggio che durò ben ventuno giorni, ma... dove poteva trovare la polvere di stelle?

Si fermò in un bosco e, vicino ad un masso, si accorse che una roccia brillava argentata, illuminata dalla luce della luna e delle stelle e... così scartò un po' di quella polvere brillante e la mise in una scatolina.

Il giorno dopo, attraversò un ruscello che scorreva felice e, al di là di questo, si accorse di un campo, dove piccoli fiori gialli si aprivano sotto il calore del sole... erano minuscoli girasoli che rallegravano la campagna e seguivano sempre il sole nel suo percorso nel cielo.

Il principe, allora, sollevò un piccolo girasole da terra e, stando attento a prenderlo intero con le radici, lo pose delicatamente in un vaso per portarselo dentro il suo borsone. Il principe doveva raggiungere il mare e la Montagna Dorata. Il viaggio era lungo e faticoso, spesso doveva fermarsi per far riposare il suo cavallo fidato, e dormiva all'aperto.

Era duro continuare, le strade erano spesso ripide, ma ormai non voleva mollare! Era deciso ad aggiungere tutti gli elementi che servivano per la pozione!

Ad un tratto, vide da lontano il mare, era su una collinetta, là davanti il mare, con il suo orizzonte immenso che non sembrava finire. Respirò profondamente... il sapore di salsedine gli giunse in bocca e, allora, scese giù a galoppo fino alla spiaggia.

Gli zoccoli del cavallo affondavano e lasciavano impronte decise e anche lui scese per sentire il contatto della sabbia calda... vicino alla riva un'onda schiumosa fu catturata e messa in un contenitore di vetro con sassolini e conchiglie.

In quel momento, un vento fresco e delicato avvolse il corpo del principe e penetrò nel contenitore insieme all'acqua. Il principe, svelto, lo chiuse e mise tutto nel suo borsone con gli altri tesori...

Ormai mancava solo la gemma preziosa che si trovava nella miniera della Montagna Dorata, chiamata così perché, di giorno, il sole illuminava la roccia bianca e la faceva sembrare color oro e specialmente la luce del tramonto la rendeva incandescente...

Il principe si riposò sulla sabbia ad ascoltare il suono del mare e, mentre sentiva le onde infrangersi, ascoltava il suo respiro... l'onda del mare e del respiro insieme... un'unica cosa... era lui e il mare... un tutt'uno... si sentiva in pace e felice!

Aspettò il tramonto per veder andar via il sole che si tuffava nel mare e dormì sotto il cielo stellato... Ormai, erano passati più di quindici giorni e iniziava a sentire la mancanza del suo castello e dei genitori, così, deciso, si avviò verso la Montagna Dorata...

Dopo due giorni di cammino, giunse ai piedi della montagna che era bianca e rocciosa... iniziò una salita ripida e, all'ingresso, un enorme abete si ergeva forte e rigoglioso...

Allora, si ricordò che doveva procurarsi anche la radice di un abete e... quando provò ad estrarne una, si accorse che era impossibile... Da solo non poteva farcela!

Dopo tante fatiche, il suo viaggio sembrava fallire, quando dal nulla... si avvicinarono a lui dei piccoli gnomi che, all'inizio, lo trattarono duramente perché amavano il grande abete e non volevano che fosse danneggiato...

Il principe, con calma e gentilezza, spiegò loro che ne aveva bisogno per curarsi. Così furono gli gnomi a porgergli una radice, che ormai non serviva più e che era stata sostituita...

Il principe li ringraziò di cuore e mise la preziosa radice nel suo borsone, dopo averla avvolta in una stoffa pregiata per proteggerla...

Gli gnomi si dimostrarono davvero gentili e accompagnarono il principe dentro la miniera; gli insegnarono come usare il piccone per estrarre la gemma che cercava.

Venne così fuori una pietra trasparente e appuntita...

«Questa pietra ti servirà per allontanare le nebbie dalla testa e le rabbie dal cuore!», gli avevano detto.

Il principe, così, riprese il viaggio di ritorno, il suo cuore era più leggero e il viaggio durò meno dell'andata.

Si ritrovò in un battibaleno nella sua reggia, vicino al padre e alla madre, pieni di entusiasmo per lui! Il principe, davanti al mago di corte, estraendo tutti i suoi tesori, disse:

«Qui la polvere di stelle brillanti e argentate... il raggio di sole nella pianta del girasole che lo segue fedelmente... la schiuma del mare e la brezza del mattino nel contenitore di vetro con conchiglie e sassolini... la radice offerta dagli gnomi guardiani del grande abete... e la gemma preziosa che allontana i brutti pensieri e le brutte emozioni...».

Il mago, allora, prese questi tesori e, dopo poco, tornò con una pozione che aveva il sapore del lampone e della mela e il profumo fresco della menta... Il principe bevve tutto d'un fiato quello sciroppo delizioso e ringraziò il mago...

Quella pozione era davvero potente! Da quel momento, il principe tornò come prima... a giocare con gli altri, ma sapendo che non sempre poteva vincere ed essere il primo... a rispettare gli alberi e gli animali delle campagne e dei boschi che tanto gli avevano fatto compagnia nel lungo peregrinare... ad apprezzare il sole e la luna che gli avevano donato calore e luce e che continuavano ad illuminare gratuitamente il mondo...

Il mago, allora, disse al re e alla regina che quel viaggio aveva davvero realizzato una vera magia nel principe... la magia della gratitudine!

Il principe aveva imparato non solo ad essere riconoscente, ma anche molto grato per gli amici che aveva e per quanta bellezza fosse presente nella sua vita!

Il mago a quel punto tirò fuori una poesia da un suo librone saggio che diceva così:

Vedimi bello

Vedimi bello
Cerca ciò che c'è di meglio in me.
É veramente ciò che sono
ed è tutto ciò che voglio essere.

Questo può prendere del tempo,
questo può essere difficile da trovare,
ma vedi la bellezza in me
ogni giorno e tutti i giorni.
Vuoi provare?
Puoi trovare un modo
per vedermi brillare
attraverso ogni mia azione
e vedere questa bellezza in me?

Il principe ringraziò il mago e pensò che davvero voleva vedere il bello negli altri e quello che aveva dentro il suo cuore... Aveva scoperto la ricetta della felicità!"

Da questa fiaba, è nato poi il copione dello spettacolo che abbiamo presentato ai genitori a fine scuola:

ogni alunno era principe e ogni alunna era una principessa, tutti con una bellissima corona in testa. Ognuno di noi vale!

Ecco il copione che, ovviamente, può essere riadattato. Sono state ballate e cantate alcune canzoni che cito e che ti consiglio di inserire nel tuo show, sia per vivacizzare la visione dello spettacolo, sia per il loro contenuto specifico. Buona lettura!

Marco Mengoni – Esseri Umani

Oggi la gente ti giudica
per quale immagine hai
Vede soltanto le maschere
e non sa nemmeno chi sei
Devi mostrarti invincibile
collezionare trofei,
ma quando piangi in silenzio
scopri davvero chi sei
Credo negli esseri umani
Credo negli esseri umani
Credo negli esseri umani

che hanno coraggio

coraggio di essere umani

Credo negli esseri umani

Credo negli esseri umani

Credo negli esseri umani

che hanno coraggio

coraggio di essere umani

Prendi la mano e rialzati

Tu puoi fidarti di me

Io sono uno qualunque

Uno dei tanti, uguale a te

Ma che splendore che sei

nella tua fragilità

E ti ricordo che non siamo soli

a combattere questa realtà

Credo negli esseri umani

Credo negli esseri umani

Credo negli esseri umani

che hanno coraggio

coraggio di essere umani

Credo negli esseri umani

Credo negli esseri umani
Credo negli esseri umani
che hanno coraggio
coraggio di essere umani
Essere umani
L'amore, amore, amore
ha vinto, vince, vincerà
L'amore, amore, amore
ha vinto, vince, vincerà
L'amore, amore, amore
ha vinto, vince, vincerà
L'amore, amore, amore
ha vinto, vince, vincerà
Credo negli esseri umani
Credo negli esseri umani
Credo negli esseri umani
che hanno coraggio
coraggio di essere umani
Credo negli esseri umani
Credo negli esseri umani

Credo negli esseri umani
che hanno coraggio
coraggio di essere umani
Oh, oh, oh
Essere umani
Oh, oh, oh
Essere umani

Primo narratore
"Benvenuto! Siamo felici di presentarti la fiaba che è nata dalla poesia *Vedimi Bello*.
C'era una volta un immenso castello dove viveva una straordinaria famiglia reale composta da re, regina e principe".
Principe
"Io sono un principe bello, intelligente e davvero in gamba. Mi piace tanto duellare, fare gare di corsa a cavallo con i principi dei regni vicini ed allenarmi con mio padre."

Musica duello – colonna sonora del film "I Pirati dei Caraibi"

Regina

"Io sono la dolce regina e mi piace tanto giocare e ballare con il mio bellissimo principe!"

Musica Pick a bale of cotton

Principe

"Con la mia mamma, la regina, mi piace tanto passeggiare nei boschi. Nel nostro regno, ci sono boschi magnifici con abeti sempreverdi dal profumo intenso. Ci sono boschi di castagni dove raccogliere i dolci frutti… Ovunque si sente il profumo del muschio… É bello osservare il sole che penetra tra i rami e le farfalle colorate che svolazzano qua e là leggere. Questi boschi sono ricchi di vita, possiamo scorgere gli scoiattoli veloci tra i rami degli alberi… osservare sul terreno le impronte dei cervi e dei cinghiali. É bello camminare con calma e godersi il canto di tanti uccellini diversi…"

Musica bosco e Antonio Vivaldi – La Primavera

Secondo Narratore

Un brutto giorno, però, il principe si ammalò, diventò strano, saltellava da tutte le parti. Faceva dispetti agli uccellini e agli scoiattoli, non giocava più in modo leale con gli altri principi e non accettava più di perdere...

Regina

"Sono preoccupata per nostro figlio, non ascolta più le nostre parole e non sa più divertirsi con gli altri, cosa possiamo fare? Bisogna farsi aiutare dal mago di corte.".

Mago

"Caro Sire e dolcissima regina, non temete per il vostro principe... Occorre un po' di tempo e di pazienza, ma sicuramente guarirà! Occorre una pozione con molti ingredienti... Bisogna mescolare un po' di polvere di stelle... un piccolo raggio di sole, un po' di vento fresco del mattino, un po' di schiuma del mare, una radice profonda di abete e una pietra preziosa della miniera della Montagna Dorata... e dovrà essere il principe a procurarsi tutti questi ingredienti!"

Principe
"Sono pronto ad affrontare questo lungo e pericoloso viaggio… So di potercela fare! Ho coraggio nel cuore e forza nelle gambe! Dove troverò la polvere di stelle? É ora di iniziare il cammino con il mio cavallo…"

Musica di Andrea Apostoli – Kashmir

Terzo Narratore
Il principe, da una roccia illuminata dalla luce della luna e delle stelle, scartò un po' di polvere brillante e la pose in una scatolina.
Il giorno dopo, attraversò un ruscello che scorreva felice e limpido… e trovò un campo di piccoli girasoli che si aprivano al calore del sole… Che campagna allegra!
Il principe, con grande cura e delicatezza, prese un piccolo girasole con tutte le radici… lo mise in un vaso e con attenzione e lo pose nel suo borsone… Ecco il raggio di sole per la pozione magica!

Principe
"Devo raggiungere il mare e poi la Montagna Dorata… Il viaggio

è lungo e faticoso, ma non voglio mollare!
Finalmente sono giunto su una collina e là... il mare! Che orizzonte immenso!

Respiro profondamente... sento il sapore del sale... gli zoccoli del mio cavallo affondano sulla sabbia calda e anch'io lascio impronte profonde... ora catturo un'onda schiumosa con sassolini e conchiglie... il vento fresco mi avvolge...
Entra anche tu nel contenitore!

Finalmente, posso riposare sulla sabbia... il corpo è caldo e pesante... ascolto il suono del mare... sento il respiro calmo e tranquillo... sento il respiro e l'onda insieme... tanta pace... posso davvero rilassarmi!"

Musica mare di Pachelbel – Canon in D Major

Principe
"Dall'inizio del viaggio, sono passati già più di quindici giorni e mi mancano tanto i miei genitori, ma devo ancora procurarmi la gemma preziosa che sta nella miniera della Montagna Dorata.

Dopo una bella salita, eccomi... C'è un enorme abete, potrò prendere la radice..."

Quarto Narratore
Il principe provò con forza ad estrarre la radice, ma non poteva farcela da solo... Stava per scoraggiarsi, quando apparvero degli gnomi che lo rimproverarono. Nel momento in cui però il principe raccontò loro la sua storia, gli donarono una radice che ormai non serviva più al grande abete...
Gli gnomi, gentili, insegnarono al principe come usare il piccone per estrarre la pietra, che era davvero preziosa perché faceva allontanare le nebbie dalla testa e le rabbie dal cuore.
Il principe poté finalmente tornare al suo castello dove lo aspettavano da ventuno giorni.

Principe (mentre tira fuori dal borsone)
"Qui la polvere di stelle brillanti e argentate... il raggio di sole nella pianta del girasole che lo seguiva fedelmente... la schiuma del mare e la brezza del mattino nel contenitore di vetro con conchiglie e sassolini... la radice offerta dagli gnomi guardiani del grande abete... e la gemma preziosa che allontanava i brutti

pensieri e le brutte emozioni.".

Quinto Narratore

Il mago, presi tutti gli ingredienti, realizzò una pozione che aveva il sapore del lampone e della mela e il profumo fresco della menta. Il principe la bevve tutta d'un fiato e ringraziò il mago.

Da quel momento, tornò come prima... tornò a giocare con gli altri, sapendo che non sempre avrebbe vinto...

Tornò a rispettare gli alberi e gli animali che gli avevano fatto compagnia nel suo viaggio... Tornò ad apprezzare il Sole e la Luna, che donano luce e calore al mondo...

Canzone Per Te – Jovanotti

È per te che sono verdi gli alberi...
e rosa i fiocchi in maternità
è per te che il sole brucia a luglio
è per te tutta questa città
è per te che sono bianchi i muri... e la colomba vola
è per te il 13 dicembre
è per te la campanella a scuola

è per te ogni cosa che c'è ninna na ninna e...
è per te ogni cosa che c'è ninna na ninna e...
è per te che a volte piove a giugno
è per te il sorriso degli umani
è per te un'aranciata fresca
è per te lo scodinzolo dei cani
è per te il colore delle foglie...
la forma strana delle nuvole
è per te il succo delle mele
è per te il rosso delle fragole
è per te ogni cosa che c'è ninna na ninna e...
è per te ogni cosa che c'è ninna na ninna e...
è per te il profumo delle stelle
è per te il miele e la farina
è per te il sabato nel centro...
le otto di mattina
è per te la voce dei cantanti...
... la penna dei poeti
è per te una maglietta a righe
è per te la chiave dei segreti
è per te ogni cosa che c'è ninna na ninna e...

è per te ogni cosa che c'è ninna na ninna e...
è per te il dubbio e la certezza... la forza e la dolcezza
è per te che il mare sa di sale
è per te la notte di natale
è per te ogni cosa che c'è ninna na ninna e...
è per te ogni cosa che c'è ninna na ninna e...
è per te ogni cosa che c'è ninna na ninna e...
è per te ogni cosa che c'è ninna na ninna...
naanananaa... nananaa... naanananaa... naanananaa...

Sesto Narratore
Il mago, allora, disse che davvero era accaduta una magia, la magia della gratitudine... Il principe aveva imparato a ringraziare e ad essere grato per le bellezze del mondo... grato per gli amici... grato per tutto ciò che la vita meravigliosa regala... e tirò fuori dal suo librone saggio questa poesia, "Vedimi bello":

Vedimi bello

Cerca ciò che c'è di meglio in me.
É veramente ciò che sono

ed è tutto ciò che voglio essere.
Questo può prendere del tempo,
questo può essere difficile da trovare,
ma vedi la bellezza in me
ogni giorno e tutti i giorni.
Vuoi provare?

Puoi trovare un modo
per vedermi brillare
attraverso ogni mia azione
e vedere questa bellezza in me?

Settimo Narratore
Il principe ringraziò il mago e decise che voleva davvero vedere il bello negli altri e il bello che era racchiuso dentro il suo cuore! Il principe aveva così scoperto la ricetta della felicità!

Canzone – Tu sei prezioso

Apro gli occhi e scoprirò
le tante cose che non so

nascoste nella gente accanto a me
chi guarda bene capirà
è dentro noi la verità,
siamo pronti a condividerla?
Specchiandoci negli occhi tuoi
seguiamo il tempo che ci dai
sulla musica che adesso vuoi!
Tu sei prezioso ai miei occhi,
Tu sei prezioso per me.
Tu sei prezioso ai miei occhi,
mi sento dire da te.
Mi sento pronto a svolgere
l'incarico affidato a me,
supererò tutti gli ostacoli.
La forza non mi manca sai
ho un cuore vivo e lo vedrai
e c'è il tuo sguardo che ora è su di me.
Specchiandomi negli occhi tuoi
il tempo che ora tu mi dai
è musica da vivere per noi!

Tu sei prezioso ai miei occhi,
Tu sei prezioso per me.
Tu sei prezioso ai miei occhi,
Ti sento urlare per me.
Sogno di viaggiare, superare le barriere e i limiti
(io sarò il tuo coraggio se mi cerchi)
insegnami a volare tu che puoi
(per andare in alto tu chiama con lo sguardo)
per arrivare a gridare più forte.
Tu sei prezioso ai miei occhi,
Tu sei prezioso per me.
Tu sei prezioso ai miei occhi,
voglio gridare ora Te.
Tu sei prezioso ai miei occhi,
Tu sei prezioso per me.
Tu sei prezioso ai miei occhi,
Tu sei prezioso per noi.

Ottavo Narratore

Anche noi, come il principe di questa fiaba, vogliamo scoprire la bellezza racchiusa dentro di noi e negli altri ed abbiamo iniziato ad esercitarci tramite il gioco del tesoro.

Tutti i bambini e le maestre ci hanno regalato un disegno e una frase che rappresentano alcuni dei nostri tesori... e sarebbe bello che anche tu possa aggiungerne altri nella cartellina dorata del Tesoro."

Canzone – Yo contingo tú conmigo

Questa fiaba e il relativo copione mettono in evidenza sia il valore della gentilezza sia quello della gratitudine, che sono molto importanti per garantire una buona relazione con noi stessi e con gli altri e ampliano la nostra fiducia e felicità.

Il libro di Piero Ferrucci, "La forza della gentilezza", Arnoldo Mondadori Editore, è una riflessione scorrevole su questo sentimento, che determina il successo a scuola e nel lavoro... La gentilezza non è debolezza, anzi è una forza che può permetterci di convivere e di star bene.

Scegli una musica che regali dolcezza, delicatezza e allo stesso tempo energia e passione. Scegli una stoffa che ti aiuti a vivere questa musica con maggiore intensità...

Muoviti seguendo la musica sul posto e poi nello spazio e, per viverla in modo profondo, sentila un'ulteriore volta ad occhi chiusi con la stoffa che potrebbe essere anche un tulle bianco...

Che movimenti hai fatto?
Cosa hai immaginato?
Hai sentito profumi, sapori, sensazioni tattili?

Dopo quest'esperienza, racconta sul "diario di bordo" tutto quello che la musica ha messo in moto... e, dal testo poetico, si può realizzare un'opera d'arte con le tempere su una bella tela.
Quello che segue, è quanto ha realizzato e scritto Emanuele dopo questa esperienza vissuta due volte.

La dolcezza d'amore

Io all'inizio…
Gli altri pensarono
che non potevo fare…
Voglia di giocare…

Io sono perso…
Vorrei un riparo per la notte.
Il sole riscalda la tenda.
Nel cielo
la dolcezza d'amore.

La gentilezza d'amore

La gentilezza d'amore
è il sole enorme
che splende sopra il giardino
dove c'è un fiore unico e giallo
dal profumo d'amore.
Le montagne
sono la forza della dolcezza.
Il cielo
è pieno di luce
ed io mi sento contento.

EMANUELE HODOJ

Osserva questo cristallo d'acqua in tutti i particolari…

In realtà, era semplice acqua che è stata informatizzata… sotto il suo contenitore c'erano queste due parole. Dopo alcune ore, l'acqua ha assunto questa forma e questa luce…

Chiudi gli occhi… ripeti dentro di te "Amore e gratitudine… Amore e gratitudine… Amore e gratitudine…", l'acqua del tuo

corpo lentamente si trasforma, s'illumina, diventa armonia e felicità... tutto il tuo essere si riempie d'amore e gratitudine...
Sei luce! Sei bellezza! Sei gioia!

Concentrati su questo vissuto... fissalo nella memoria per poterlo farlo riemergere tutte le volte che vorrai... unisci dolcemente le dita delle mani al pollice per fermare l'attimo per sempre... Racconta sul "diario di bordo" quest'esperienza per onorare il vissuto e soprattutto te stesso.

E se dicessimo "grazie" più spesso?
Quest'idea è stata suggerita anche da Einstein, che invita a camminare per alcuni minuti, ripetendo dentro di sé "grazie... grazie... grazie..." e... cosa accade? Alla fine, di sicuro ci sentiamo meglio, più sereni...
Provare per credere!
Perché è così importante essere grati?
Se ringraziassimo più spesso, saremmo felici perché capaci di cogliere ogni dettaglio, ogni sfumatura, ogni piccolo gesto che ci fa piacere... vedremmo la bellezza nel raggio di sole che penetra dalla finestra... gusteremmo il sapore squisito di un piatto

caldo... noteremmo il profumo del primo fiore di primavera...
Ammireremmo la magnificenza costante del tramonto sempre diverso... gioiremmo per una carezza leggera...
Quanti "grazie" possiamo già dire?
Basta scriverne cinque ogni giorno per almeno un mese e, in questo modo, riusciremo ad aumentare il nostro benessere già in pochi giorni!

Lo scienziato Masaru Emoto ha studiato l'acqua e ha fotografato i cristalli che erano stati sottoposti all'ascolto di musiche o di parole scritte nei contenitori.
Le parole *brutte* come "stupido" o "odio" hanno realizzato cristalli non regolari, mentre le parole *belle* come "gioia" o "pace" sono diventate cristalli armonici.

Le domande quindi che nascono spontanee sono:
"Il nostro corpo, che è formato in gran parte d'acqua, che cristalli contiene?
Che tipo di cristalli realizzano i nostri pensieri e le nostre emozioni?".

Pertanto, abbiamo una grande responsabilità nei confronti dei nostri pensieri e delle nostre parole.

Il cristallo più luminoso che Masaru Emoto ha fotografato è proprio quello che corrisponde alle parole "amore" e "gratitudine". Sarà un caso che siano proprio questi i sentimenti che desideriamo vivere sempre e che ci riempiono totalmente il cuore?

Ti invito caldamente a scrivere il "diario della gratitudine" per almeno un mese.

Capitolo 5:
Come ritrovare la serenità con la meditazione

Questo libro è come una favola, una storia magica e avventurosa, una "parentesi rosa" in mezzo ad un universo caotico e contrastante... Ma perché una favola?... Perché una magia?

In realtà, talvolta... la realtà stessa supera la magia... l'oggi diventa straordinario, unico, speciale. Questo è davvero avvenuto e sono sicura che in futuro si potrà ripetere, se ci poniamo di fronte all'altro in modo empatico con tutta la simpatia e l'accoglienza che si può vivere nel "qui ed ora".

É la sintesi di una bella esperienza vissuta con Emanuele, un ragazzino davvero speciale che si è lasciato coinvolgere: ha provato a stare completamente presente, a vivere nella totalità del "qui ed ora" e a scoprire la bellezza. La bellezza e la gioia si possono trovare proprio in questo esserci, e allora... basta fermarsi...

Questo percorso è stato proposto con una certa gradualità, a cadenza settimanale, contemporaneamente ad uno inerente l'alfabetizzazione emotiva, tramite numerose opere di narrativa riccamente illustrate.

1) Prima salta allegramente... poi, allo "stop", fermati, disteso sul puffo che accoglie interamente il corpo e come nido caldo e profumato permette di sentirti nella tua interezza corporea...
É facile allora sentire il cuore... il respiro... e seguire per un po' ad occhi chiusi il movimento della pancia che sale e che scende...
É un'onda magnifica sull'azzurro/blu... Sale... scende... in modo continuo...

In seguito, con i gessi sul foglio, segui l'onda del respiro che diventa traccia. Le onde del mare e del respiro ti regalano tanta buona aria e, con l'aria fresca, la mente si distende, ti senti rilassato...

2) Oggi, nuovamente con una bella musica ritmica e allegra muoviti un po', sciogli il corpo e salta... e di nuovo disteso sul puffo a pancia in su gli occhi si chiudono...

Senti il respiro, il cuore... il cuore respira. Il cuore respira tanto amore che pervade tutto il corpo... dal cuore, si diffonde insieme all'aria dentro il corpo... fuori dal corpo... siamo pieni d'amore! Osserva il colore di questo amore che dal cuore si sparge...

Con i gessi, disegna il colore dell'amore... per ricordare sempre che da qui di nuovo puoi ripartire. Basta che chiudi gli occhi per immaginarlo, per sentire l'amore vivo che vibra dentro di te...

3) C'è una bellissima luce dorata che, piano piano, insieme all'aria che entra penetra nel corpo... la luce color oro si diffonde dall'alto... sulla testa... ancora piano piano, illumina le spalle... il busto... insieme all'aria che entra... s'espande in tutto il corpo...La luce color oro è sulla pancia... lentamente arriva sul bacino e poi sulle cosce ancora sulle gambe e sui piedi... Sei completamente luminoso... sei brillante... sei meraviglioso... tutto color oro! Ti senti pieno d'energia, sei pieno d'amore... sei bellissimo e prezioso! Il tuo corpo è sano... rilassato... forte... energico e in pace!
Ora, con il pennarello color oro, disegna il tuo magnifico corpo!
4) Guarda fuori dalla finestra... il sole tiepido... il cielo chiaro...

Prendi un raggio di sole nelle mani e portalo sul corpo... massaggia il corpo con questo bel calore tiepido... davanti e dietro... senti il corpo tutto intero. Respira i raggi del sole che osservi... senti arrivare il calduccio e la luce su tutto il corpo...

Adesso, chiudi gli occhi chiusi per visualizzare questo bel sole che riempie di luce... di calore... di salute... d'energia... Quest'immagine risuona dentro di te... basterà chiudere gli occhi per farla di nuovo tornare... Nel tuo cuore, c'è e ci sarà sempre un bellissimo sole splendente!
Disegna questo sole meraviglioso con i pennarelli.

5) Guarda da vicino questo bel fiore, toccalo con delicatezza... senti il profumo e respiralo a fondo per farlo arrivare in tutti gli angoli del tuo corpo... senti la delicatezza dei petali, la loro leggerezza, la loro forma... Guarda le sfumature... il gambo sottile sfioralo sul viso... osservalo da ogni lato. É un fiore bellissimo... ti regala il suo colore vivace, la delicatezza leggera dei petali, la forza delle sue radici...
È un fiore pronto ad aprirsi per ricevere i raggi del sole... la rugiada... si lascia ondeggiare dal vento... si lascia bagnare dalla

pioggia... di notte, si chiude nel riposo sotto il cielo stellato... Quanta gentilezza e quanta forza!

Ora che lo conosci così bene, chiudi gli occhi e... immaginalo nel suo prato, forte grazie proprio al suo stare attaccato alla terra... proteso verso il cielo...
Senti la sua preziosità... anche la tua di preziosità e la tua bellezza sono così sconfinate! Senti di appartenere al Cielo e alla Terra...
La tua bellezza, il tuo valore, il dono del tuo esserci non è misurabile, è incommensurabile... è Infinito!
Disegna liberamente questo fiore con tutte le sue caratteristiche.

6) Oggi, salta un po' con questa musica allegra... sciogli le dita... i polsi... le spalle... le braccia... porta la musica del tamburo con il suo suono sul tuo corpo...Porta la mano destra sulla spalla sinistra... la mano sinistra sul fianco destro... la mano destra sulla coscia sinistra... ed ora, la mano sinistra sulla gamba destra... la mano destra sul piede sinistro... e si continua sempre incrociando.

Il nostro corpo-tamburo accoglie il ritmo... si diverte e gioca a inventare altri ritmi nel silenzio e poi anche con la voce, come ad esempio ... PA PAPAPA... S S SS... BIRIBIRIBIRIBUM!

Il corpo è caldo e puoi riposare... puoi sentire bene questo respiro e il cuore. Porta le mani sulla pancia, ascolta il suo gonfiarsi e sgonfiarsi...

Gli occhi sono chiusi... che bello! Arriva un bellissimo colore, un colore profumato... dal sapore buono e dolce.

Il colore, piano piano, entra dal naso e va a riempire la testa e il collo... scivola lentamente sul busto... sul bacino e arriva giù giù fino alle gambe e poi ai piedi.

É un colore denso... ha un buon sapore e tutto il corpo si sente sereno, rilassato e soprattutto completo. Senti il dentro e il fuori del corpo... ti sento intero!

Disegna il colore che hai immaginato e ha riempito il corpo.

7) Tieni tra le mani un palloncino... guarda il colore... senti il suo peso... osservalo dentro... guarda la sua trasparenza. Con questa bella musica, calma e tranquilla, ci muoviamo e il palloncino dolcemente fa curve... linee ondulate... giri... onde colorate nell'aria girano intorno, sia su che giù e... il palloncino arriva sul corpo... piano piano, rotola dolcemente sul viso... sul busto...

sulle braccia... sul bacino... sulle cosce... via via fino ai piedi...
Senti il corpo accarezzato dal palloncino... sei molto amato, coccolato... ed ora, ad occhi chiusi, senti il palloncino che fa questo bel viaggio sul corpo e ogni parte di esso è accarezzata e sta meglio! Girati a pancia in giù... il palloncino continua il suo viaggio sul corpo... senti le spalle... la schiena... il sederino... ogni parte del corpo che viene toccata riceve una quantità enorme d'amore... Stai davvero bene!
Disegna te stesso e il palloncino "coccoloso".
8) Senti un profumo dolce e inebriante. Con questo e con una musica leggera leggera, muoviti lentamente... fai piccoli movimenti che disegnano nell'aria linee e forme delicate.
Seguendo il crescendo della melodia, la puoi canticchiare... seguila muovendoti... e il corpo si riempie del profumo dolce che inebria la stanza. La musica è profumata... il corpo, piano piano, diventa più tranquillo.
Ascolta questa tranquillità che gira dentro te... ad occhi chiusi, visualizzala... Cos'è? É un sapore? É un colore? Sentila bene e rimani concentrato, affinché tutto il corpo ne sia ricolmo.
Disegna la tranquillità come colore, sapore, profumo... come l'hai visualizzata.

9) Ascolta il cuore... qui al centro del petto... il cuore respira... lentamente conta da uno a cinque mentre inspira... da uno a cinque mentre espiri. Il cuore è calmo e pieno d'amore... c'è l'amore della mamma, del babbo, delle maestre, degli amici...
L'amore circola in tutto il corpo... lo senti vivo, denso, profumato

e, mentre respiri, con calma...l'amore dal cuore s'espande fuori dal corpo... in tutto lo spazio intorno... tutta la stanza si riempie d'amore... e tutto fuori da questa stanza... per tutto il palazzo... per tutta la scuola... per tutta la città... Il respiro è tranquillo... Sei in pace e felice!
Disegna l'amore dei genitori, degli amici... intorno e dentro di te.

10) Guarda la campana tibetana... suonala con delicatezza e la vibrazione delicata e acuta va su... nell'aria... suona con un po' più di potenza e la vibrazione è ancora più lunga. Distenditi... la campana è sopra il corpo e viene suonata delicatamente... sopra il petto... sopra la pancia... sulla schiena nella parte alta... poi in quella più bassa...Con gli occhi chiusi, segui il suono... il suono avvolge... circola intorno... e va in tutto lo spazio circostante. La vibrazione è lunga, la segui... la senti entrare dentro... è rilassante e intensa! Immagina questo suono di un bel colore blu, meraviglioso, luminoso, vivo, profondo... vedi le onde blu del suono dentro e fuori di te .
Rappresenta il suono della campana tibetana dentro e fuori di te.

11) Fermati un attimo ad ascoltare il canto degli uccellini che

proviene dalla finestra... li scorgi tra le fronde degli alberi... Ascolta il loro canto... ascolta con gli occhi chiusi... rilassa il corpo, che diventa caldo e pesante... ti senti in pace. Nel silenzio, seni solo il respiro... il cuore... gli uccellini... e questo suono dona gioia!

12) Ascolta questa favola breve che è dedicata al mago Silenzio... Osserva le immagini e dopo me la racconti a voce alta...

"Il mago Silenzio cammina lentamente, è soffice come una nuvola bianca. S'affaccia dal cielo con raggi più timidi... scorre sulle acque, accarezzando le onde... rotola sui prati fioriti per inebriarsi di profumo dolce... naviga sul mare insieme al vento forte che fa arrivare i cavalloni.

Il mago Silenzio entra piano piano, insieme all'aria, nel tuo respiro tranquillo e profondo... entra piano piano, delicatamente, insieme al ritmo del tuo cuore forte, giovane e felice!

Il mago Silenzio teme la confusione perché lo allontana... lo annulla. Ha vesti colorate e soffici di petali leggeri, di cotone morbido, di lana calda e accogliente... Chiudi gli occhi... e guarda il silenzio... ascolta il cuore... il respiro... lo puoi conoscere... e farlo tornare quando vuoi!".

Ora, chiudi gli occhi... ecco che arriva il mago Silenzio... guardalo mentre sfiora le nuvole nel cielo... le onde del mare... i fiori dei prati... c'è lui e la Natura con la sua bella armonia! Osserva come la Natura sia viva... La Natura è Vita!... Il Silenzio è Vita!... Ci sono colori da apprezzare... profumi da assaporare...

movimenti da seguire... la forza tranquilla del vento... degli alberi... delle onde. Si sente la Vita che pulsa tra la Natura... Siamo parte della Natura. Apparteniamo al Mondo!
Disegna il mago Silenzio nella Natura che ti piace.

13) Adesso, mescola il rosso con il giallo... insieme formeranno l'arancione, un colore vivace e luminoso. Ti potrà ricordare il profumo dei mandarini, il sapore un po' aspro delle arance, il colore delle tinte del tramonto, quando il sole lentamente si perde al di là dell'orizzonte... É bello osservarlo...
Ora, chiudi gli occhi e davanti agli occhi chiusi potrai veder apparire il bellissimo colore arancione, vivo e luminoso.
In questo colore, piano piano, ti puoi tuffare e via via che si respira... lentamente il corpo si colora completamente d'arancione... è diventato tutto di questo colore... e sei davvero contento, pieno di luce, pieno di energia!
Disegna il tuo corpo arancione pieno di energia.

14) Abbiamo letto molte fiabe e storie realistiche che ci hanno fatto riflettere sul mondo magnifico e variegato delle emozioni. Ogni storia ci ha fatto pensare su come si è sentito il protagonista,

sul perché ha reagito in quel modo, su cosa stesse provando mentre diceva qualcosa...

Di fronte a tanti fatti che ci scuotono (che purtroppo invadono la vita tramite il telegiornale) ci vorrebbe proprio una macchina che porta via le preoccupazioni...

Prova a disegnarla: da una parte, le emozioni brutte e i pensieri negativi entrano e poi vengono risucchiati, dall'altra le preoccupazioni escono dalla nostra mente, dal nostro cuore e vengono espirate; la macchina lava tutti questi pensieri pesanti, li ritaglia, li ripulisce per benino e così escono pensieri di luce.

Questo disegno lo mettiamo a bella vista per non dimenticarcene! Quando percepisci che si fa pressante l'ansia o la preoccupazione... chiudi gli occhi e immagina questa bellissima macchina che porta via tutte le emozioni che infastidiscono, ripulendole tutte!

Questa macchina, a lavoro concluso, farà uscire un nuovo raggio di sole, una nuova fragranza fresca nell'aria, una carezza dolce sul corpo portata dal venticello, il sapore dolce di frutto maturo...

15) Guarda il cielo con le sue nuvole... ammirale nelle loro forme sempre diverse... ogni giorno, nello stesso angolo di cielo che

guardiamo, le nuvole si presentano differenti...Ogni giorno è un nuovo giorno! Le nuvole insegnano la leggerezza, la bellezza e il cambiamento!

Adesso, chiudi gli occhi... visualizza un cielo azzurro luminoso dove ci sono nuvole diverse come forma, come colore... alcune più piccole, alcune più grandi. Se nel tuo cuore c'è un po' di rabbia, un po' di tristezza, un po' di dispiacere... lancia queste emozioni lassù, verso il cielo...

Le nuvole catturano questi pensieri e queste buie emozioni, portando tutto via in alto, dove saranno dissolti e diventeranno leggeri leggeri. Le nuvole, con il loro continuo movimento, si trasformano e le tue emozioni più pesanti, così, diventeranno leggere...

Respira con calma e in profondità e, insieme all'aria, scompariranno anche le tristezze, le rabbie, le delusioni...

Disegna il cielo e le nuvole che hanno portato via con sé la rabbia... il dispiacere... la voglia di piangere... il fastidio...

16) Quando sei arrabbiato, puoi ballare una musica energica, potente... come la musica rock. Puoi usare i colori e disegnare linee, punti, forme di rabbia sul foglio, così da poterti sfogare...

distenditi... esprimi l'emozione, tirandola fuori e facendola diventare leggera...

Ascolta la musica e muoviti seguendo il ritmo, salta... cammina a quattro zampe... striscia a pancia in giù... di schiena... muovi insieme le braccia e le gambe. Ora, il corpo è caldo e puoi distenderti... rilassarti... sentire il corpo morbido... il cuore, piano piano, rallenta il battito... il respiro si fa più tranquillo. Chiudi gli occhi... senti il vento dolce di musica che accarezza... ascolta il corpo e visualizzalo...

17) La favola "Le poesia dimagranti di Romeo" parla di un rospo che si sentiva orribile e pensava che gli altri lo deridessero... Romeo era proprio imbarazzato e stava solo per la vergogna...

A tutti può capitare di sentirsi diversi, non adeguati, inferiori, ma... questi i pensieri sono da trasformare! Bisogna dire a se stessi con forza e scrivere con tanti colori: "Io valgo. Io sono abbastanza. Tutto è perfetto così!"

Se chiudi gli occhi, nota in quale parte del corpo l'imbarazzo e, piano piano, con il respiro lento e profondo... fa' uscire questo disagio e, sempre lentamente, ti accorgerai che il corpo diventa più leggero, disteso, rilassato... finalmente, entra la gioia! Va

tutto bene! Io valgo! Io sono abbastanza! Senti il piacere che circola in tutto il corpo con il suo colore di luce!
Disegna l'imbarazzo che se ne va ed entra la gioia.

18) Senti… arriva una musica dolce di chitarra e arpa che ti fa muovere lentamente… le dita… la testa… le spalle… le braccia… un po' tutto il corpo insieme. Senti il corpo e, allo "stop", ascolta il cuore… muoviti ancora un po' su e un po' giù.
Sempre allo "stop", segui con attenzione il respiro… l'aria che entra e che esce con calma, in modo profondo… stai bene, in perfetta armonia!
Adesso sei rilassato… tutto il corpo è morbido e pesante… davanti agli occhi chiusi vedi che… sei bellissimo… sorridente…
Sei un principe gentile!
Dentro il corpo, dentro il cuore… circola la gentilezza… la dolcezza… la tenerezza… la serenità… e tutto è davvero ok!
D'ora in poi, basterà chiudere gli occhi e, in qualsiasi momento, ti sentirai un meraviglioso principe gentile!
Disegna questo super principe gentile.

19) Osserva dalla finestra… gli alberi verdi… il sole un po' caldo

e luminoso e ascolta... il vento sposta le nuvole... le foglie... senti il canto di nuovi uccellini che sono venuti a costruire nuovi nidi perché è tornata un'altra primavera. L'aria ha nuovi profumi... i colori diventano più vivaci... l'erba è di nuovo fresca...

Tutto questo mondo ci appartiene... è un magnifico dono che sta a noi guardare e apprezzare...

Con gli occhi chiusi, immaginalo in tutti i dettagli: colori... luci... ombre... profumi... suoni... Tutto questo è nostro! Noi apparteniamo al Mondo e il Mondo appartiene a Noi!

Ogni colore entra nel corpo... ogni suono ci regala emozioni... ed è bellissimo sentirsi parte di questa meraviglia nel silenzio...

É un silenzio ricco di bellezza!

20) Ammira gli alberi che sono fermi nelle loro radici forti... anche tu hai radici e puoi sentirle ad ogni passo. Cammina e senti il peso del corpo che si sposta... lascia impronte a terra... affonda nel terreno... senti il peso del corpo che cambia...

Se ti appoggi sulle ginocchia... se ti metti seduto... se stai a pancia in su con le gambe piegate... se stai su un fianco... è la Terra che ti sostiene. Puoi lasciarti sostenere da Lei, che ti accoglie come seme nel terreno caldo... seme che cresce piano piano... lentamente...

Con il passare del tempo, torna ad allungarti verso l'alto per assaporare il tepore del sole... per farti accarezzare dal vento... per gustare le gocce di pioggia...

Questa Vita dentro di te cresce, attimo dopo attimo, giorno e notte...

Puoi percepire la forza della Vita... la gioia di questa energia potente... e, d'ora in poi, di nuovo senti le radici, che da sotto i piedi vanno in ogni direzione, affondano nella Madre Terra, e lasciati accogliere e amare da Lei... sei forte!

Disegna il corpo a contatto con le radici a terra.

21) Arriva una bellissima musica che ti fa sperimentare il

movimento in tutto lo spazio... cammina avanti... poi indietro... poi ancora di lato... fai piccoli passi... passi lunghi... cammina facendo curve... andando in obliquo... puoi roteare... andare a quattro zampe. Ci sono mille strade da percorrere... si può andare ovunque e cambiare direzione. In questo mondo, c'è un'infinità di scelte possibili... tanti modi diversi di muoversi... ma l'importante è ascoltarsi e ascoltare il corpo... che è la tua verità!

Capitolo 6:
Come migliorare la capacità di ascolto

La musica aiuta non solo a muoversi e a rilassarsi, ma a potenziare la nostra capacità di ascolto e di attenzione; infatti, fin da piccoli, è importante trovare tempi per l'ascolto.
Oltre a ciò, la musica consente di vivere esperienze di condivisione delle emozioni in uno scambio reciproco all'insegna del non giudizio, quindi ci fa intravedere la molteplicità dei diversi punti di vista, in relazione alla stessa esperienza.

Fin da bambini, possiamo imparare a distinguere i suoni naturali da quelli artificiali, identificare il ritmo e la melodia all'interno dello stesso brano, individuare tra due suoni quello corto e quello lungo, quello forte e quello debole, quello acuto e quello grave, seguire il crescendo e il diminuendo di una musica, riconoscere i timbri di vari strumenti: pianoforte, clarinetto, flauto traverso, percussioni, chitarra, violino, violoncello, arpa, tromba…

Possiamo iniziare da semplici attività: se ci diamo il permesso, ad esempio, di fermarci e chiudere gli occhi, possiamo andare a caccia di tutti i suoni e rumori, quelli che provengono dal nostro corpo, dall'interno e dall'esterno della stanza dove siamo in quel momento...

Sarà molto interessante notare quali suoni e quali rumori sono stati identificati e notare, nel tempo, come questa lista aumenti con il maggiore allenamento. Questa dinamica ci permette di poter disegnare gli elementi da cui è giunto il suono, e con i più grandi è divertente aggiungere il fumetto per rappresentarlo.

Come ha scritto Claudio Abbado, nel suo libro La Casa dei Suoni "la musica è davvero magica" e questo in particolare se siamo in grado di ascoltarla oltre che con le orecchie, con il corpo e con il cuore".

1) Possiamo iniziare a conoscere le percussioni del seguente brano:
https://www.youtube.com/watch?v=FOY9fLm3eYI
Possiamo muoverci liberamente nel nostro spazio... in piedi... seduti... in ginocchio... distesi a pancia in su o a pancia in giù...

sul fianco... e riascoltarlo una seconda volta per muoverci coraggiosamente ad occhi chiusi, immaginando il colore o i colori di questa musica.

Alla fine di quest'esperienza, possiamo realizzare un disegno utilizzando solo il colore o i colori di questo brano musicale.

2) Godiamoci questo brano con la chitarra:
https://www.youtube.com/watch?v=cNgVH52EnXQ
Dopo il movimento libero sul posto e nello spazio, possiamo riascoltarlo ad occhi chiusi per comprendere quale emozione susciti e poi trovare una sola parola che rappresenti il vissuto. Questa parola sarà scritta al centro del foglio e si possono disegnare macchie di colore.

L'importante è che, guardando il disegno, si provi... gioia, noia, paura. Sicuramente ognuno avrà un vissuto differente, ma nessuna emozione è sbagliata... tutte ci appartengono e l'unica cosa che bisogna imparare è riconoscerle.

3) Ascoltiamo attentamente questo flauto traverso, cercando di cogliere le qualità tattili di questa musica:

https://www.youtube.com/watch?v=hpUxE53WYD8

Il flauto traverso ci regala un magnifico filo dorato di musica... lo teniamo in mano... lo portiamo sul corpo... Il filo lo gira tutto, regalando luce a tutto il corpo, e cambiamo mano se siamo stanchi...

Il filo vuole conoscere lo spazio intorno a noi... lo portiamo in giro... su e giù... su tutte le pareti... il filo di musica ci regala luce e armonia.

Possiamo realizzare un disegno per esprimere le qualità tattili della musica su cui può essere incollato un filo luminoso.

4) Ascoltiamo, muovendoci sul posto e nello spazio, questo pianoforte, cercando di assaporare il profumo di questa soave musica:

https://www.youtube.com/watch?v=fEOJQawykD0

Disegniamo l'elemento profumato a cui si è abbinata la musica e, per memorizzare al meglio quest'esperienza, mettiamo su un foglio dei petali al profumo di rosa.

5) Seguiamo questo violino, cercando di prestare attenzione alle sensazioni e alle emozioni che regala questa musica:

https://www.youtube.com/watch?v=XMbvcp480Y4

Possiamo poi rappresentare queste sensazioni ed emozioni con linee, forme, punti o macchie di colore. Il disegno, ad esempio, potrebbe contenere una linea di pace, delle forme di leggerezza, dei punti di amore.

Linee, forme e punti saranno disegnati direttamente con i pennarelli e lo sfondo con cere o gessetti colorati.

6) Possiamo muoverci sul posto e nello spazio, cercando di percepire i movimenti che la musica suscita in noi. Non siamo noi che seguiamo la musica, ma è la musica di questi due violoncelli che ci muove...

https://www.youtube.com/watch?v=D9LrEXF3USs

Che tipo di movimento si compie? Si realizzeranno linee spezzate perché, durante il movimento ritmico, il corpo disegna nello spazio queste linee e, nella movenza, possiamo marcarle maggiormente per sentirle ancora meglio.

Possiamo disegnare con pennarelli le linee spezzate e creare lo sfondo con cere o gessi colorati.

7) Dopo aver risvegliato il corpo con una bella musica ritmica, prestiamo attenzione a quest'arpa, cercando di comprendere il sapore o il gusto della musica:
https://www.youtube.com/watch?v=S1-LCnGojnw&list=RDS1-LCnGojnw&index=1

Possiamo rappresentare con il disegno il sapore della musica.

8) Lasciamoci trasportare da questa melodia, realizzata dalla chitarra:
https://www.youtube.com/watch?v=LNUJA9N14eM&start_radio=1&list=RDLNUJA9N14eM
La melodia creerà una linea continua da disegnare sul corpo e poi nello spazio…
In seguito, sarà opportuno scegliere un pennarello che corrisponda all'emozione vissuta, poi con la musica si girerà intorno al foglio, senza mai alzare la mano…verrà fuori una linea continua in tutto lo spazio del foglio.
Possiamo divertirci a trovare forme all'interno… e queste saranno arricchite di colore: ad esempio, se si è scoperto nella linea continua una goccia, la si colorerà con una matita azzurra per

farla emergere.

9) Ascoltiamo, muovendoci sul posto e nello spazio, la seguente musica di clarinetto e individuiamo almeno tre movimenti che questo brano suggerisce per costruire una sequenza:
https://www.youtube.com/watch?v=WYex1_euCCA&list=RDWYex1_euCCA&start_radio=1
Disegniamo con pennarelli almeno tre linee diverse che rappresentino il movimento che questa musica ci ha suscitato.

10) Dopo aver svegliato il corpo con le percussioni, seguiamo questo brano con la tromba, sia ad occhi aperti che ad occhi chiusi.
https://www.youtube.com/watch?v=8pUXg6fnR58&start_radio=1&list=RD8pUXg6fnR58

Cosa ricorda? Cosa fa immaginare? A cosa fa pensare?
Rappresentiamo con il disegno quanto questa musica ha fatto pensare, immaginare o ricordare.

11) Guardiamo questo video, poi chiediamoci quale emozione

prova la gente del filmato e quale emozione suscita in noi.
https://www.youtube.com/watch?v=4WILvbFxKh8&t=39s

Questo video è molto coinvolgente e si nota come la musica abbia un grande potere nel conferire felicità ed entusiasmo, nel sorprenderci e coinvolgerci...
Muoviamoci liberamente con questa musica, sentendo l'energia... la passione... la forza... il coraggio nel cuore, poi rappresentiamo tutti questi elementi con linee, forme, punti...

12) Osserviamo bene questo video da fermi, poi muoviamoci liberamente per cogliere quanta emozione susciti in noi:
https://www.youtube.com/watch?v=a23945btJYw&t=3s
Riascoltiamo la musica e, oltre all'emozione, individuiamo sensazioni tattili... ricordi... sapori... profumi... colori... regalati dalla musica.
Rappresentiamo il vissuto con pennarelli... cere... gessi... poi, liberamente, scriviamo un testo che racconti la nostra opera.

Questo breve percorso che abbiamo sperimentato affina le nostre percezioni, amplifica la capacità di attenzione, ci fa crescere in consapevolezza e benessere.

Mi farebbe davvero piacere conoscere la tua esperienza.
Permetti alla vibrazione della musica di entrare dentro di te e di provocarti una gioia sconfinata!

Conclusione

Questo libro ti ha portato a prestare attenzione alla tua vita, alla tua esperienza diretta, ad utilizzare il movimento, l'arte, la musica per conoscerti meglio, per potenziare le tue capacità espressive e comunicative, per farti divenire più resiliente e capace di accettare gli ostacoli... danzandoli, disegnandoli, trovando un modo personale per andare oltre.

Mi auguro che tu abbia compreso il valore enorme del tempo e di pianificare, pertanto, uno spazio preciso per il tuo benessere, che si basa proprio sul permetterti di muoverti nella piena scioltezza e libertà dal giudizio, sul consentirti di rilassarti mediante la visualizzazione e la meditazione, sulla possibilità di utilizzare colori e parole per mettere sulla carta il vissuto.

Questo percorso è utile sia per bambini, come per giovani ed adulti; è solo necessario concedersi questa opportunità di crescita e aver voglia di vincere la sfida del limite.

Troppo spesso mettiamo le mani avanti per non esporci più di tanto, per non rischiare le incomprensioni degli altri. Ogni singola proposta è come un semino che può farti emergere... ti permetterà di uscire allo scoperto, nell'interezza del tuo essere, nel pieno della tua bellezza, nella gioia della condivisione.

Ogni giorno è un'occasione per scegliere... i pensieri, le emozioni, i ricordi che vuoi accumulare. Il potere della scelta appartiene a tutti e, se vuoi ricercare la gratitudine, la bellezza, la meraviglia... t'accorgerai di trovare ampi motivi di serenità.

Possiedi un patrimonio di opere d'arte, di musiche e di foto di elementi naturali che possono fare la differenza nella tua giornata, che possono aiutarti a comprendere meglio il tuo stato d'animo, che puoi utilizzare per modificare pensieri ed emozioni.

Ogni scelta, perciò, sarà ben ponderata, all'insegna di ciò che aumenta l'energia, valorizza l'esistenza e aumenta l'entusiasmo di esserci... tutto questo grazie al contributo speciale e unico. Ogni giorno avrai almeno un motivo per ringraziare, ma se il grigiore ha prevalso... basta fermarti ad ascoltare il corpo, il respiro, il cuore che respira calma, gioia, armonia. Ogni giorno scegli di volerti bene, prestando attenzione a preservare il tuo benessere!

Se tutto sembra andare storto, se ti sembra che non ci siano vie d'uscita... scegli una musica ritmica e danza quel malessere interno, quelle preoccupazioni assillanti, poi incontrali ad occhi chiusi nel corpo... Che forma hanno? Hanno un colore? Cosa ti stanno dicendo? Puoi dare loro voce e puoi allo stesso tempo chiedere gentilmente di andarsene nell'istante in cui ne avrai compreso il messaggio.

Il corpo è la nostra verità e ci parla sempre tramite sensazioni, che non sempre sono piacevoli, ma il loro esserci rivela i nostri stress, i nostri conflitti, le credenze auto sabotanti. Se concediamo attenzione e accettazione al corpo nella sua interezza, potremmo oggettivarli e trasformarli.

Ti auguro che questa lettura diventi vissuto, ti solleciti ad essere te stesso e faccia brillare la tua luce!

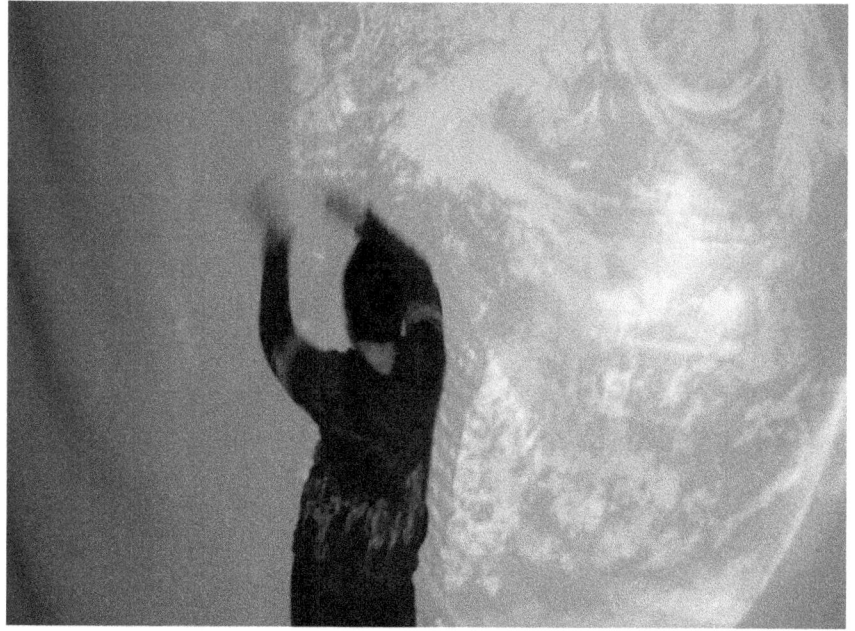

Prima di congedarmi, ti voglio ringraziare per la fiducia che mi hai dato e mi farebbe davvero piacere ricevere domande, recensioni, richieste…

Se hai piacere a metterti in contatto con me, puoi trovarmi qui:

Facebook: https://www.facebook.com/groups/313971629394243/
Email: profeti.alessandra@gmail.com

A presto!
Alessandra Profeti

www.ingramcontent.com/pod-product-compliance
Lightning Source LLC
Chambersburg PA
CBHW050910160426
43194CB00011B/2351